Johann Dachs

VERURTEILT UND HINGERICHTET

Johann Dachs

VERURTEILT UND HINGERICHTET

Berühmte Kriminalfälle aus der Oberpfalz und Niederbayern

SüdOst Verlag

Bibliografische Information der Deutschen Nationalbibliothek

Die Deutsche Nationalbibliothek verzeichnet diese Publikation in
der Deutschen Nationalbibliografie; detaillierte bibliografische
Daten sind im Internet über http://dnb.dnb.de abrufbar.
ISBN 978-3-86646-769-9

2. Auflage 2016

ISBN 978-3-86646-769-9

© SüdOst-Verlag in der Battenberg Gietl Verlag GmbH, Regenstauf
www.gietl-verlag.de

Titelbild: erkennungsdienstliches Foto von Florian Huber, Staatsarchiv Landshut

Inhalt

Vorwort

In meinem Buch „Tollkirschen im Blaubeersaft – und andere wahre Geschichten von Mord und Totschlag" sind aus staatsanwaltschaftlichen Ermittlungs- und Gerichtsakten 17 Kapitalverbrechen nachgezeichnet, die zu 18 Todesurteilen führten, von denen aber lediglich 12 vollstreckt wurden. Im vorliegenden Buch werden Verbrechensfälle geschildert, bei denen ausnahmslos Todesurteile gesprochen und vom Nachrichter (Scharfrichter) gnadenlos vollzogen werden mussten. Vielschichtig waren die Tatmotive: Habgier, Eifersucht, Verdeckung von Straftaten, Spielleidenschaft, Angst vor dem Verlust der Erbschaft, Alimentezahlungen, ungezähmter Hass oder ungezügelte Rachsucht. Als Mordwerkzeuge benutzten die Täter vorwiegend Messer, Beil und Strick. Aber auch die Anwendung brutaler körperlicher Gewalt führte etwa zum Tod eines Kleinkindes.

Vorhandene Archivunterlagen haben es möglich gemacht, in den aufgezeichneten Fällen die entscheidenden Augenblicke einzufangen und unbestechlich getreu zu erfassen. Sie haben ihren besonderen Aussagewert, weil sie im Vergleich mit dem Vorher und Nachher das Bild einer Zeit entstehen lassen, zu der heute nur noch wenige einen Bezug haben. Bei der Auswahl der Fälle ließ ich mich von der Absicht leiten, ein einigermaßen charakteristisches Bild zu vermitteln, soweit das bei dem Umfang der Akten möglich war.

Einige Ermittlungs- und Urteilsverfügungen wiesen widersprechende Alters-, Orts- und Berufsangaben bei Opfern und Tätern auf. Ich habe alles mir Mögliche unternommen, Klarstellungen herbeizuführen. Sollte dieses nicht vollends gelungen sein, bitte ich die verehrten Leserinnen und Leser um Nachsicht.

Johann Dachs †

Geschichtliche Darstellung des Verbrechens, wegen dessen Mathias Lang zum Tode verurtheilt wurde

Der Tathergang

Mathias Lang – ein zu Röckenhofen gebürtiger Taglöhners Sohn, katholisch, 26 Jahre alt, ledigen Standes, keiner Profession kundig, im Lesen und Schreiben und in der Religion unterrichtet, verlor schon sehr früh seinen Vater, und bei der Armuth seiner Mutter mußte er in dem 6sten Lebensjahre in fremde Dienste treten, anfangs als Hirtenbube, und dann als Knecht, bis er endlich als gemeiner Soldat zu dem k. b. l6ten Linien Infanterie Regiment kam, wo er am 29. März 1819 als legionspflichtig verabschiedet wurde.

Von dieser Zeit an diente er bei einem Bauern zu Röckenhofen, setzte da seine frühere Bekanntschaft mit seiner Geliebten, mit welcher er vor mehreren Jahren ein Kind erzeugt hatte, fort, unterhielt aber auch zugleich mit Anna Maria Geier, Hirtens Tochter daselbst einen vertrauteren Umgang.

Als diese sich schwanger fühlte, gab sie den Jnquisiten als Schwängerer an, worüber ihm seine Geliebte Vorwürfe machte, und sich äußerte, mit ihm nicht mehr umzugehen, wenn seine Beschuldigung sich bestätige.

Vergebens bemühte er sich nun, die Anna Maria Geier von ihrer Angabe der Schwängerung, selbst durch Drohungen abzubringen, und jetzt faßte er am 23. Dezember 1819 – über sein Schicksal nachdenkend, dass er nun auch Vater dieses Kindes seyn soll – den Entschluß, die Anna Maria Geier mit einem Strick zu erdrosseln, und diesen Entschluß führte er auch am 25. Dezember aus. Um 3 Uhr früh stand er auf, nahm von dem Hause seines Dienstherrn einen Strick mit, und begab sich zu dem Hirtenhause, welches ihm seiner Angabe nach die Hirtens Tochter selbst vermöge einer Tags zuvor gepflogenen Verabredung geöffnet haben soll.

Auf dem Boden, wo die Anna Maria Geier ihre Lagerstätte hatte, warf er ihr den in einer Schleife gerichteten Strick um den Hals, so daß die Schleife rückwärts zu stehen kam, zog mit der rechten Hand, um welche er das Ende des Strickes gewickelt hatte, fest an, hielt mit der linken Hand den Strick zu, und als die Hirtens Tochter vom Bette herabfiel, hob er sie mit dem Stricke dreimal in die Höhe, und ließ sie ebenso oft wieder auf den Boden fallen, bis er glaubte, daß sie todt sey; dann nahm er ihr den Strick von dem Halse, zog sie bei den Händen mit dem Kopfe voraus über den Boden bis zur Stiege hin, und endlich über die Bodenstiege selbst beim Halse hinab, wo er sie unten im Hausfletz liegen ließ, damit die Leute glauben müßten, sie habe sich zu Tode gefallen. Von da begab er sich in die Kirche nach Greding, nachdem er den Strick ehevor auf einen Acker hingeworfen hatte, wo derselbe später auch gefunden wurde. Auf der Rückkehr von der Kirche in Gesellschaft mehrerer Burschen zeigte er sich sehr fröhlich.

Als die That ruchbar wurde, so fiel sogleich der Verdacht auf Mathias Lang. Der Arzt hat zwar noch am nämlichen Tag zum Versuche der Rettung des Kindes den Kaiserschnitt vorgenommen; allein es zeigte sich, dass dasselbe schon todt war, zugleich aber, dass es bis zu dem Augenblicke der Ermordung seiner Mutter gelebt habe.

Auch wurde der Leichnam der Anna Maria Geier gerichtlich untersucht, und geöffnet, und die Sachverständigen urtheilten, daß dieselbe durch Erdrosslung gestorben sey.

Der am Tage der That verhaftete, und bei dem königl-Landgericht Beilngries zur Kriminalen Untersuchung gezogene Jnquisit bekannte sein Verbrechen mit allen Umständen und da dieses Geständniß die gesetzlichen Erfordernisse an sich trägt, so wurde von dem königl-Appellationsgericht des Regen Kreises in Gemäßheit der Art. 146 und 147 Th. 1. des Strafgesetzbuches am 8. März laufenden Jahres zu Recht erkannt: daß Jnquisit wegen einer mit allem Vorbedacht beschlossenen, und mit Ueberlegung und Hinterlist durchgeführten Tödtung einer schwangeren Person, schuldig des qualifizierten Mordes, zur geschärften Todesstrafe zu verurtheilen, und demnach nach vorausgängiger halbstündiger Ausstellung an den Pranger, mit dem Schwerte hinzurichten sey.

Dieses Erkenntniß wurde von dem Oberappellationsgericht des Königreiches am 7ten April laufenden Jahres bestätigt, und nachdem Seine Königliche Majestät vermöge allerhöchsten Reskriptes vom 18. April dieses Jahres zu erklären geruht haben, daß allerhöchst die-

selben keinen zureichenden Grund gefunden hatten, die diesem Verbrechen zuerkannte Todesstrafe aus Gnade weiter zu mildern, als durch Erlassung des schärfenden Zusatzes; – so wird heute an dem Jnquisiten Mathias Lang die Todesstrafe – jedoch mit Hinweglassung der Ausstellung am Pranger – wirklich vollzogen – ihm selbst zur wohlverdienten Strafe, anderen aber zum abschreckenden Beispiele.
Beilngries, den […] 1820

Protocoll

Welches über die Hinrichtung des zur Todesstrafe verurtheilten Mathias Lang von Röckenhofen abgehalten wurde, den 10. März 1820.
Prohentes
Der Königl. Landgerichts Assessor Donhauser
Der adhune aitum besonders verpflichtet.

Nachdem man am 7ten dieses Monats dem Mathias Lang das Todesurtheil verkündet und derselbe sich einen Termin von 3mal 24 Stunden erbeten hatte, so hat man ihn dem Herrn Geistlichen Rath und Stadtpfarrer von Beilngries zum tröstlichen Zuspruch übergeben.

Inzwischen aber wurden die nothwendigen Vorbereitungen zur Hinrichtung getroffen. Es wurde nämlich der Verurtheilte in dem gewöhnlichen Verhörzimmer in der Frohnveste allhier durch die Gefangenwärter, denen auch die Gendarmerie die nöthige Assistenz leistete, verwahrt.

Der obengenannte Herr geistliche Rath, sowie der Herr Pfarrer von Gerblsee Dr. Romanus Majer, und der Herr Stadtkaplan Wintrich von hier haben abwechslungsweise bis 3 Tage hindurch den Jnquisiten besucht, und ihn so zum Tode vorbereitet, daß er bis auf den letzten Augenblick Muth, und Entschlossenheit zeigte.

Es wurde auf einem geeigneten Gemeindeplatz eine Bühne von Balken, und Brettern erbaut, auf welcher die Exekution des Todesurtheils vorgenommen wurde.

Heute morgens um 9.30 Uhr begab sich der Untersuchungsrichter mit dem Abturr (Gerichtsschreiber) in den Verwahrungsort, und eröffnete dem verurtheilten, daß die Stunde der Vollstreckung gekommen seye. Zugleich verrichteten die Gehilfen des Scharfrichters das Abschneiden des hinteren Haupthaares.

Er wurde hierauf mit einem grauen Kittel bekleidet, und ihm auf die Brust, und den Rücken eine Tafel gehangen, auf welcher das Wort

„Mörder"

geschrieben war.

Es wurde ihm der Gebrauch seiner Hände und Arme frey gelassen, und ihm nun ein Strick um den Leib gelegt, an welchem er von den Gehilfen des Scharfrichters festgehalten wurde.

Hierauf wurde der verurtheilte auf einen mit 2 Pferden bespannten Wagen rückwärts gesezet, auf dem auch die Herr geistlicher Rath, und Stadtpfarrer von hier, sowie Herr Pfarrer von Gerblsee den verurtheilten zur Richtstadt begleiteten.

Der Wagen wurde mit Gendarmerie umgeben, und so wurde der Verbrecher bis zum hiesigen Rathhause gefahren, wo von einem Fenster herab die geschichtliche Darstellung seines Verbrechens von dem Abturr herabgelesen, und sodann von dem Untersuchungsrichter der Stab gebrochen wurde.

Nachdem dieses vorüber war, fuhr man in einem Wagen auf den Richtplatz, wo um ihren Schuz dort ein Bataillon Landwehr einen Kreis gebildet hat, in welchen niemand hineingelassen wurde, als wer vom Amt wegen darin zu thun hatte.

Als der Verurtheilte auf der Richtstadt angekommen war, wurde er vom Wagen herabgenommen, von dem Scharfrichter, und seinen beiden Gehilfen an Händen und Armen gebunden, auch wurden ihm die Augen zugebunden.

Er wurde hierauf unter immerwährenden Bußgruß der Geistlichen auf die Bühne geführt, und als er krum auf den Stuhl niedergesunken war, hatte der Scharfrichter auf einen Streich das Haupt vom Rumpfe getrennt.

Erste Seite des Protokolls über die Hinrichtung des Mathias Lang vom 10. März 1820. Staatsarchiv Amberg, Bestand Appellationsgericht.

Hierauf wurde von dem Herrn geistlichen Rath und Stadtpfarrer dahier eine passende Rede gehalten, sodann der Leichnam mit dem Haupte, welches vorher von einem Gehilfen des Scharfrichters auf alle 4 Seiten dem Volke gezeigt wurde, in einen Sarg gebracht, auf den Gottesacker getragen, und alldort ohne Gepräng begraben.

Während der ganzen Dauer war der Königl. Landgerichtsarzt in der Nähe, um allenfalls den verurtheilten mit dem geeigneten Stärkungsmittel zu Hilfe zu kommen, welches aber nicht nothwendig war, da der verurtheilte bis zur lezten Minute seines Lebens mit Geduld und Standhaftigkeit sein Schicksal ertrug.

Über diesen ganzen Akt hat man das gegenwärtige Protokoll aufgenommen und solches nach Verlesen von dem Scharfrichter Lorenz Schellerer von Amberg unterzeichnen lassen.

Es unterschrieben:
Der Scharfrichter Schellerer,
der Protokollführer, Assessor Donhauser
und [Anm. d. V. Name unleserlich: vermutlich der Richter
des Baierischen Landgerichts zu Beilngries]

In der Untersuchungssache wider Mathias Lang ledigen Taglöhners Sohn von Röckenhofen wegen Mordes, wird dem königl. Appellationsgerichte für den Regen Kreis, der von dem unterzeichneten obersten Gerichtshofe am 7ten April dieses Jahres erlassener Erkenntniß nebst einer Abschrift des am 18ten desselben Monats erfolgten allerhöchsten Reskriptes, vermöge dessen Seine Königliche Majestät geruht haben, den die Todesstrafe schärfenden Zusatz zu erlassen, zur Verkündung und Vollziehung mitgetheilt.

Uebrigens folgen die Akten unter Anlage der hierorts verfaßten geschichtlichen Darstellung des in Frage stehenden Verbrechens zurück.

München, den 21. April 1820
Oberappellationsgericht des Königreiches Baiern
gez. Unterschrift Präsident

Anhang (Abschrift)

Wir erlassen dem durch oberstrichterlicher Erkenntniß vom 7ten dieses Monats wegen qualifizierten Mordes, zur geschärften Todesstrafe verurtheilten Mathias Lang, ledigen Taglöhners Sohn von Röckenhofen den die Todesstrafe schärfenden Zusatz; finden aber übrigens keinen zureichenden Grund, die diesem Verbrechen rechtlich zuerkannte Todesstrafe aus Gnade zu mildern.

München, den 18. April 1820
Max Joseph

Die Akten befinden sich im Staatsarchiv Amberg, Bestand Appellationsgericht.

Für 7 Mark und 30 Pfennig

Urtheil

Im Namen seiner Majestät des Königs von Bayern

erkennt das Schwurgericht beim Landgericht Straubing in der Anklage-
sache gegen Georg Meilinger, lediger Taglöhner von Drachselsried, wegen Verbrechen des Raubmordes zu Recht wie folgt:

Georg Meilinger, geboren am 5. Mai 1862, katholisch, lediger Taglöhner von Drachselsried, wird wegen eines Verbrechens des Mordes in be-
grifflichem Zusammenhang mit einem Verbrechen des Raubes, verübt
am 18. Oktober 1884 zu Staudenau an der Häuslerswitwe Theres Rei-
ner von da,

zur Strafe des Todes

sowie in die Kosten des Verfahrens der Nachvollstreckung verurtheilt.
Georg Meilinger werden die bürgerlichen Ehrenrechte auf Lebenszeit
aberkannt.

Georg Meilinger – in Blossersberg, Bezirksamt Viechtach, geboren –
galt bereits als Kind für schwer erziehbar. Aufmüpfig und flegelhaft,
forderte er die Eltern, mehr als von diesen gewollt, zu Züchtigungs-
maßnahmen heraus. In der Schule strapazierte er durch ungebühr-
liches Treiben nicht nur die Geduld seiner Lehrer und lernwilligen Mitschüler, er entwickelte sich darüber hinaus zum notorischen Unter-
richtsverweigerer. Wegen ungenügender Leistungen dreimal von der
Vorrückung zurückgestellt, beendete er die gesetzliche Schulpflicht
ohne Abschluss und als Analphabet.

Zunächst als Kuhhirt, dann als Taglöhner in Drachselsried tätig, ent-
schied sich Georg Meilinger, kaum 18 Jahre alt, als Herumtreiber ein
Faulenzerdasein zu führen. Wie in den Gerichtsunterlagen zu lesen ist,
war er ein kräftiger junger Mann mit richtigen „Pratzen", die sehr wohl
hätten zupacken können, wäre er der Arbeit nicht ausgewichen. Seinen

Lebensunterhalt bestritt er nun durch Diebstähle, Zechprellereien und Bettel. Wiederholt wegen solcher Delikte eingesperrt, fand er aber auch im Gefängnis keine Läuterung. Einmal stand er für längere Zeit unter Polizeiaufsicht mit Arbeitsauflage. Er zog es jedoch vor, lieber seine Bewährungsauflage zu übertreten, als seinen Müßiggang zu beenden.

Bei seinen Umtrieben führte ihn der Zufall in die Nähe der Einöde Staudenau – Gemeinde Englmar, Bezirksamt Bogen. Aus einiger Entfernung sah er, wie im Hof des Anwesens eine ältere Frau Futter an eine Hühnerschar ausstreute. Ihr lautes „piep, piep, piep" in den Ohren, näherte er sich dem Haus, während die Witwe Theres Reiser zurück ins Haus ging. Spontan entschloss sich Meilinger, ihr zu folgen und sie zu berauben.

Theres Reiser sah den jungen Fremdling kommen. Verdreckt und in abgerissenen Kleidern machte er zwar keinen vertrauenserweckenden Eindruck, Furcht vor ihm hatte sie indes nicht, obwohl außer ihr niemand im Hause anwesend war. Handwerksburschen und Bettler kamen öfter einmal vorbei und keiner hatte jemals Anlass gegeben, sich zu ängstigen.

Vor der Haustür trat sie ihm entgegen. „Bist scho lang auf der Geh? Wirst gwiss an Hunger und an Durst hom", fragte sie ihn freundlich. „A etla Tag bin i scho gwandert. Freili hungerts mi und trinka tat i a gern ebbas."

Meilinger trat ein ins Haus und setzte sich in der Stube an den roh gezimmerten hölzernen Esstisch, die Theres brachte ihm Milch und Brot. Mit Heißhunger machte er sich darüber her. Ohne Argwohn unterhielt sich die Reiser mit ihm, er hingegen hatte nur eines im Sinn: sie auszurauben! Ohne jede Barschaft betrachtete er es als ein Muss, sich Geld zu beschaffen.

Nachdem Meilinger gegessen und getrunken hatte, riss er seine Wohltäterin plötzlich zu Boden, kniete sich auf sie, umfasste mit seinen großen Händen ihren Hals und drosselte die Wehrlose so lange, bis sie sich nicht mehr rührte. Dann nahm er einen hölzernen Fußschemel, schlug mit diesem unerbittlich auf die Frau ein und zertrümmerte ihr den Schädel. Durch die brutalen Hiebe erlitt die Reiser einen sofortigen Tod. Meilinger ging danach über eine Stiege hinauf in den Dachboden, durchwühlte dort in einer Kammer Kleiderkästen und Truhen, öffnete gewaltsam alle sonst verschlossenen Behältnisse und suchte nach Geld. In einem Truhenkasten war ein Zugbeutel mit 7 Mark und 30 Pfennigen. Er nahm das Geld und machte sich aus dem Staub.

Meilinger war enttäuscht über die geringe Beute. Er war fest davon überzeugt gewesen, eine größere Geldsumme bei der alleinstehenden alten Frau vorzufinden, deshalb hatte er gemordet. Es war bekannt, dass die Leute in dieser Gegend sehr genügsam und sparsam lebten, und ein „Sach" wie das Einödanwesen brachte seiner Meinung nach schon etwas ein, das sich im Sparstrumpf ansammeln hätte lassen.

Als Meilinger das Haus verließ, begegnete er unterwegs einem „Bauchladenkrämer", wie Hausierer auch abwertend genannt wurden, dessen Aussage zur baldigen Verhaftung Meilingers führte.

Georg Meilinger, der im 23. Lebensjahr stehend vorsätzlich, brutal und hemmungslos gemordet und geraubt hatte, wollte für sein eigenes nichtsnutzes Leben Gnade erwirken. Mit königlichem Dekret vom 14. Februar 1885 wurde entschieden:

LUDWIG II.
Von Gottes Gnaden Koenig von Bayern – Pfalzgraf bey Rhein – Herzog von Bayern, Franken und Schwaben

Wir haben keinen Grund gefunden, die durch Urteil des Schwurgerichts bei dem Landgerichte Straubing vom 10. Dezember 1884 gegen den ledigen Taglöhner Georg Meilinger von Drachselsried wegen eines Verbrechens des Mordes und des Raubes ausgesprochene Todesstrafe zu mildern.
Hiernach ist das Weitere zu verfügen.

München, den 14. Februar 1885
LUDWIG
(eigenhändige Unterschrift des Königs)

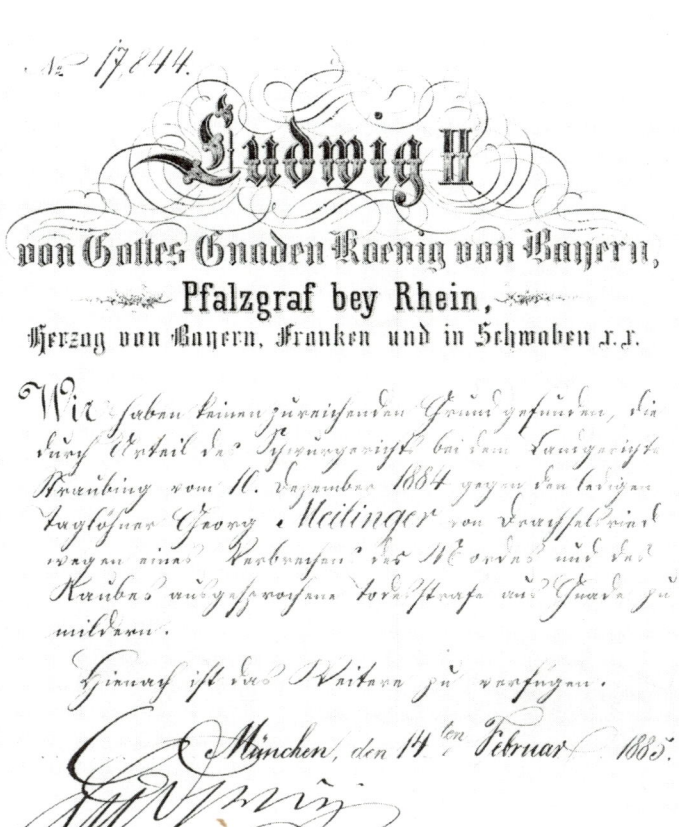

Nᵒ 17.244.

Ludwig II

von Gottes Gnaden Koenig von Bayern,

Pfalzgraf bey Rhein,

Herzog von Bayern, Franken und in Schwaben x.x.

[handschriftlicher Text]

München, den 14ᵗᵉⁿ Februar 1885.

An
den Oberstaatsanwalt
bei dem Oberlandesgerichte
<u>München</u>

[handschriftlicher Text]

[Unterschrift]

Auf
Königlich Allerhöchsten Befehl
der General-Secretär

Ablehnung des Gnadengesuchs des Mörders Georg Meilinger durch König Ludwig II. vom 14. Februar 1885. Staatsarchiv Amberg.

An

den Oberstaatsanwalt

bei dem Oberlandesgerichte

München

Dr. von ....

(unleserlich)

Die gegen den ledigen Taglöhner Georg Meilinger von Drachselsried ausgesprochene Todesstrafe betr.

Auf

Königlich Allerhöchsten Befehl

der General-Sekretär

Ministerialrath

[Anm. d. V. Unterschrift unleserlich]

Die Hinrichtung wurde öffentlich bekannt gemacht.

Bekanntmachung

Es wird bekannt gegeben, daß Georg Meilinger, geboren am 5ten Mai 1862 zu Blossersberg, k. Bezirksamt Viechtach, katholisch, lediger Taglöhner von Drachselsried k. Bezirksamt Viechtach durch rechtskräftiges vollstreckbar erklärtes Urteil des Schwurgerichts bei den k. Landgerichte Straubing vom 10. Dezember 1884 wegen Verbrechens des Mordes im begrifflichen Zusammenfluß mit einem Verbrechen des Raubs, verübt am 18. Oktober 1884 zu Staudenau Gemeinde Englmar k. Bezirksamt Bogen an der Häuslerswitwe Theres Reiser von da in Anordnung des § 211 § 251 § 73 RStGB (= Reichsstrafgesetzbuch) mit dem Tode bestraft wurde und daß die Hinrichtung am

Samstag den 21ten Februar 1885
vormittags 7.30 Uhr

im Hofe des Land- und Amtsgerichtsgefängnisses Straubing stattfindet.

Straubing den 19ten Februar 1885
Gebhardt, 1. Staatsanwalt

Anzuheften an die Gerichtstafel des Landgerichts Straubing.
angeheftet am 10. Februar 1885
abgenommen am Heutigen, früh 8 Uhr
21.2.85
Heigl

Die Hinrichtung vollstreckte der Scharfrichter Kißlinger aus der großen bayerischen Scharfrichtersippe der Familien Keysser, Schellerer, Kißlinger, der auch die späteren Nachrichter Franz Xaver Reichhart und dessen Neffe Johann Reichhart zuzurechnen sind. Franz Xaver Reichhart, ab 1892 erster Gehilfe bei Scharfrichter Kißlinger, folgte diesem am 1.5.1894 im Amt. Scharfrichter Kißlinger hatte nach Georg Meilinger nur noch eine Hinrichtung in Straubing vollzogen, und zwar am 6.3.1886.

Vom Hochstapler zum Frauenmörder

Ein grausamer Fund

Der Gutsherr auf Pentelhof durchstreifte in den Vormittagsstunden des 18. Mai 1919 seinen in der Gemeindeflur Grünthal und nahe dem Gutshof gelegenen Wald, um nach dem Rechten zu sehen. Den Besitzer des Jagdgrundes beunruhigte, dass dort in den vergangenen Tagen immer wieder Schüsse zu hören waren. Schweißspuren verletzter Tiere und herumliegender Wildaufbruch ließen keinen Zweifel offen: Wilderer trieben ihr Unwesen.

Der Stöberhund gab Laut, zerrte wild an der Leine und drängte auf ein Dickicht zu. Möglicherweise witterte er ein Tier, das in eine Falle gegangen war? Doch es kam viel schrecklicher: Auf dem Waldboden lag eine tote junge Frau, unter und neben ihr hatte sich eine große Blutlache gebildet. Die vom Gutsbesitzer unverzüglich verständigte Gendarmerie entsandte drei Beamte an den Fundort der Leiche. Bei der Untersuchung des Tatortes entdeckten diese Teile einer Ansichtskarte von Regensburg über den Boden verstreut. Die Karte wurde zusammengesetzt, und zu entziffern waren folgende Namen: Rosa Brügel mit Heimatanschrift Nürnberg und Josef Summer mit einer Chiffre-Adresse. Daraus zogen die Gendarmen schnell den nahe liegenden Schluss, die Tote identifiziert und einen Hinweis auf den mutmaßlichen Täter gefunden zu haben.

Gegen Josef Summer wurde sofort eine öffentliche Fahndung eingeleitet. Der Fahndungsaufruf an die Bevölkerung erfolgte über die Presse und mit Handzetteln, die in Gastwirtschaften, Geschäften und in Regensburger Kinos verteilt wurden. Bereits am Abend des 21. Mai 1919 erkannte eine Frau den Gesuchten in einem Regensburger Kino und meldete dies der Polizei. Summer wurde festgenommen, er war sofort geständig.

Josef Summer war bereits im Kindesalter erkennbar störrisch und verschlagen. Im heranwachsenden Alter zusehends schwerer lenk- und beeinflussbar, geriet er bald gänzlich außer Kontrolle, die Eltern hatten in ihrer Erziehung versagt.

Der Vater, seit Jahren im Eisenbahnfahrdienst beschäftigt, kam nur unregelmäßig, oft nur alle zwei oder drei Tage, heim zur Familie. Den Umständen entsprechend konnte er sich der Kindererziehung, insbesondere jener des aufmüpfigen Sohnes, nicht in dem erforderlichen Maße annehmen und überließ sie ausschließlich seiner Frau. Diese indes bot ein schlechtes Beispiel durch einen anstößigen Lebenswandel. Sie hatte zahlreiche Liebschaften mit anderen Männern, wurde zur Trinkerin und landete schließlich als Anstifterin und Gehilfin bei strafbaren Handlungen im Gefängnis. Bevorzugt baldowerte oder forschte sie Diebstahlsobjekte und -gelegenheiten aus, beging Betrügereien und verleumdete unbescholtene Nachbarn. In Mutters Fußstapfen trat beizeiten der Bub „Seppl" und kriminelle Handlungen wurden zu Wegbegleitern seines kurzen Lebens.

Einem Verwandten war es gelungen, den 13-jährigen, nicht mehr volksschulpflichtigen Buben im Gasthof Volkert in Deggendorf als Kellnerlehrling zu vermitteln. Nach wenigen Wochen wurde er jedoch schon wieder entlassen, weil er ein Dienstmädchen bestohlen hatte, und kehrte heim nach Passau. Seinen Tagesablauf gestaltete er fortan mit der Begehung von Diebstählen und Betrügereien. Er entwickelte sich zum Kleinkriminellen und Lügenbold, der alsbald mit dem Gefängnis Bekanntschaft machte. Kaum 14 Jahre alt, durchzog er das Grenzgebiet im Bayerischen Wald und hinüber in die Tschechoslowakei bis nach Karlsbad. Dort bei einem Diebstahl ertappt, gelang es ihm, der beigeholten Polizei zu entfliehen und nach Tagen über die grüne Grenze nach Bayern zurückzukehren. Er steuerte Regensburg an und wurde alsbald in völlig verwahrlostem Zustand von der Polizei aufgegriffen.

Wegen Verletzung der Aufsichtspflicht entzog das Vormundschaftsgericht den Jungen der elterlichen Obhut und wies ihn am 20. Mai 1911 in die St.-Gregorius-Erziehungsanstalt nach Rothenfeld ein. Auf Betreiben des Vaters durfte Josef Summer am 27. Februar 1913 heim zu den Eltern nach Passau.

Mit Vaters Hilfe nahm eine Passauer Drogerie den mittlerweile 16 Jahre alten Burschen erneut als Lehrling an. Dies geschah in Anbetracht des tadelnswerten Vorlebens ungern, man gab ihm aber die Chance, ein ordentliches Leben zu beginnen. Der Versuch schlug fehl. Summer war unpünktlich, unzuverlässig, nicht willens, etwas zu lernen, und den Griff in die Ladenkasse tat er skrupellos. Das Lehrverhältnis endete, ehe es richtig begonnen hatte. Vom Drogeriebesitzer angezeigt, verschwand er ins österreichische Schärding, bevor ihn die Polizei greifen konnte. Hier gelang es ihm, in einer Brauerei als Brauerlehrling eingestellt zu werden. Wieder bestahl er den Arbeitgeber, der ihn umgehend auf die Straße setzte. Sein Weg führte zurück nach Passau, hier lungerte er herum, bestahl Eltern und Bekannte und ließ auch anderswo mitgehen, was nicht niet- und nagelfest war.

Am 13. Februar 1914, nachts um 22 Uhr, beging er in der Brunnergasse in Passau einen Straßenraub. Er überfiel eine Kellnerin, die von der Arbeit heimging. Von hinten umklammerte er mit beiden Händen den Hals der Frau, würgte sie bis zum Erbrechen und entriss danach die Handtasche, in der sich aber kein Bargeld befunden hatte. Unter Einbeziehung anderer noch bei Gericht anhängender Straftaten verurteilte die Strafkammer beim Landgericht in Passau am 18. März 1914 den inzwischen 17-jährigen Summer zu zwei Jahren und drei Wochen Gefängnis, die er in Niederschönenfeld verbüßte.

Als Summer aus dem Gefängnis entlassen wurde, war der Erste Weltkrieg voll im Gange. Er meldete sich beim Rekrutendepot I des 16. Infanterieregiments in Passau zu einer halbjährigen Ausbildung. Während dieser Zeit erwies er sich als leichtsinniger, undisziplinierter Bursche, überzog beim Ausgang um Stunden den Zapfenstreich oder blieb ohne Erlaubnis dem Dienst fern. Zum Rapport bestellt, simulierte er „auf Blödheit" und kam daraufhin zur Untersuchung auf seinen Geisteszustand ins Reservelazarett in Passau, von wo ihn die Ärzte als völlig gesund zur Einheit zurückbeorderten. Am 20. November 1916 zog er mit dem Landsturm-Infanterie-Ersatzbataillon an die Westfront ins Feld. Dass er wegen der vorausgegangenen Eskapaden nicht eingesperrt worden war, hatte er nur dem Umstand zu verdanken, dass in dem bereits zwei Jahre andauernden Krieg an der Front jeder Mann gebraucht wurde. Nach einer Handgranatenexplosion im Schützengraben bis zum Hals verschüttet, erlitt er lediglich einen nachwirkenden Schock. Mit Ende des Krieges endete auch Summers Soldatenleben, die Karriere seines vormaligen kümmerlichen Lebenswandels setzte sich mit verstärkter krimineller Energie fort und machte ihn letztendlich zum Mörder.

Ein feiner Kavalier

Arbeitsscheu und ohne Barmittel sann Summer darüber nach, wie er zu Geld kommen könne. Da kam ihm die Idee, sich als Filmschauspieler auszugeben, der junge Frauen zu Schauspielerinnen ausbildet. Sein erstes Opfer fand er in einem Passauer Kino. Einer unschuldigen, naiven Platzanweiserin stellte er sich als Filmschauspieler aus Leipzig vor, beschwatzte sie, mit ihm zu kommen, da sie alles besäße, was ein Filmnachwuchs brauche: Schönheit, eine gute Figur und Intelligenz. Die 23-Jährige fühlte sich geschmeichelt. Sie ließ sich beschwatzen und fuhr mit dem smarten Filmschauspieler, der sich ihr als „Josef Chartasch" vorgestellt hatte, nach Leipzig. Dort mieteten sie sich in einer Pension ein. Anna Martens, das Mädchen aus der Domstadt Passau, wurde Summer hörig und öffnete ihm das Sparsäckel. Als ihre nicht unbeträchtlichen Ersparnisse bis auf einen kleinen Rest verjubelt waren, bestahl er sie in einem geeigneten Moment auch noch um diesen und setzte sich ab nach Regensburg. Das mittellose Mädchen, in einer fremden Stadt zurückgelassen, wusste nicht einmal den richtigen Namen des feinen Kavaliers. Summer dagegen schaffte es, in Regensburg als Freiwilliger in das Freikorps Schöttl einzutreten. Dort bekam er wenigstens zu essen und hatte ein Dach über dem Kopf. Nachdem er in die Lohnliste aufgenommen war und ein Handgeld von 60 Mark erhalten hatte, ward er aber nicht mehr gesehen.

Mit der Filmschauspielermasche hielt sich Summer weiter über Wasser. Er inserierte in Zeitungen: „Film! Junge, nette Damen, nicht über 22 Jahre, können sich kostenlos ausbilden lassen als Filmschauspielerinnen. Angebot unter …" Hier war die Chiffre-Nummer angeführt, die

die Polizei auf seine Spur brachte. Das Inserat diente wieder dem ausschließlichen Zweck, jungen Frauen und Mädchen ihr Geld abzuknöpfen. Mit Interessentinnen, die ihm in schriftlichen Bewerbungen persönliche Daten übermittelten und Fotos beilegten, nahm er Briefkontakt auf und vereinbarte Probeaufnahmen. Für diese forderte er Vorauszahlungen, die bereitwilligst geleistet wurden. Mit diesem Geld lebte Summer einen, wie man im Volksmund sagt, „schlauen Lenz".

Zu jenen, die Summer auf den Leim gegangen waren, gehörte auch die am 30. November 1898 in Nürnberg geborene, ledige Verkäuferin Rosa Brügel, Tochter der Schlossereheleute Johann und Auguste Brügel. Das Mädel, eine aparte Person mit guten Umgangsformen, fleißig, sparsam, zuverlässig und stets gut gekleidet, war sich durchaus bewusst, dass sie auf Männer anziehend wirkte. Summers Zeitungsinserat erweckte ihr Interesse. Sie bewarb sich und erhielt umgehend eine Einladung des „Chartasch" nach Regensburg. Rosa Brügel beabsichtigte neben diesem Treffen einen Besuch bei ihrem Nürnberger Freund, der in einer Regensburger Infanterieeinheit diente. Enttäuscht kehrte sie aber der Kaserne den Rücken, denn der Offiziersstellvertreter befand sich bei einer militärischen Schulung in München.

Josef Summer, alias „Josef Chartasch", erwartete die Schauspielbewerberin Brügel am 17. Mai 1919 bereits am vereinbarten Treffpunkt: Die „Wurstkuchl" an der Steinernen Brücke. Die junge Frau begegnete ihm mit sichtbarer Befangenheit. Mit lässiger Haltung und geübter Rede glückte es Summer aber schnell, ihr Vertrauen zu gewinnen. Danach äußerte sie in aller Bescheidenheit den Wunsch, einmal die Walhalla zu besichtigen. Bereitwillig bot sich Summer als Begleiter an. Zuerst aber führte er das Mädel in Regensburg durch die Dult. Bei ihr untergehakt, gab er sich leutselig und zuvorkommend. In zwangloser Unterhaltung erzählte ihm das Mädel, es stamme aus einer gut situierten Handwerkerfamilie, besitze selbst auch ein kleines Vermögen und trage im Handtäschchen immer ein ansehnliches Sümmchen bei sich. Ohne sein Dazutun hatte Summer durch die leichtfertige Geschwätzigkeit mehr erfahren, als er eigentlich hatte wissen wollen. Um den Anschein zu erwecken, witzig zu sein, griff er lachend nach dem Handtäschchen und fragte: „Wie viel hama denn nachat drinnen?" – „Diesmal nur fuchzig Mark", antwortete Rosa wahrheitsgetreu. In Summers Gehirn fing es an zu arbeiten. Er wollte an das Geld heran. Nach einiger Überlegung war ihm klar, wo und wie er dem Mädel das Geld abnehmen würde.

Ohne Argwohn folgte Rosa Brügel dem Summer, wohin er auch ging. Es war abgemacht, er werde sie zur Walhalla bringen. Die Ortsunkenntnis von Rosa ausnutzend, ging er über Steinweg nach Reinhausen zum Bahnhof Walhallastraße, und von dort weiter auf einem Fußweg entlang der Bahnlinie gegen Wutzelhofen zu. Ein Schrankenwärter hatte am Nachmittag gegen 15 Uhr gesehen, wie beide hinter dem Schrankenwärterhäuschen auf die Hauptstraße einbogen und dann von dort auf einen Feldweg abzweigten. Diese führte zum Wald zwischen Haselbach und Pentelhof.

Rosa Brügel begann, sich langsam zu ängstigen, als Summer sie im Wald mit lüsternen Blicken taxierte. Scheu fragte sie: „Ist das der richtige Weg zur Walhalla?" Unheimliche Furcht beschlich sie, Schweiß bildete sich auf ihrer Stirn und sie wollte fliehen. Jetzt sah Summer den Zeitpunkt gekommen, zur Tat zu schreiten. Mit der gewaltsamen Wegnahme des Geldes allein wollte er es nicht mehr bewenden lassen. Um Schreie und Hilferufe abzuwenden, die ihn hätten verraten können, entschloss er sich, das Mädel umzubringen.

Ein vorgetäuschter Lustmord

Nachdem er die beabsichtigte Flucht verhindert hatte, zwang er Rosa ein Stück tiefer in den Wald hinein. In seiner rechten Hosentasche steckte ein feststehendes Messer in der Scheide. Langsam und von Rosa Brügel unbemerkt, zog er es heraus. Bei einem Dickicht angelangt, stieß er blitzschnell zu. Er rammte ihr die Messerklinge mit voller Wucht in die Brust. Der Stoß war so heftig geführt, dass das Messer bis zum Schaft eindrang und er mit der Hand auf die Brust aufschlug. Lautlos sank Rosa Brügel zu Boden. Um das blutige Werk zu vollenden, setzte Summer noch drei weitere Stiche. Das Mädchen war tot.

Danach bog er die Beine der Getöteten nach oben und gab der Leiche eine Stellung, die den Anschein eines Lustmordes erwecken sollte. Dem Handtäschchen entnahm er das Geld und eine darin enthaltene

Ansichtskarte von Regensburg, auf der Name und Adresse der Toten sowie sein Name und die Chiffre-Adresse standen. Die Karte riss er in kleine Stücke und verstreute diese auf einer Strecke von 150 m hin zu einem Streuhaufen, unter welchem er die Handtasche versteckte.

Eiskalt und ohne jede Gefühlsregung zählte er das Geld. ‚Sie hat tatsächlich nicht gelogen, es sind wirklich nur 50 Mark.‘ Summer hatte nicht einmal die Überlegung angestellt, das tote Mädel mit Zweigen oder Moos zu bedecken. Vor Gericht antwortete er auf die Frage, warum er den Leichnam so offen liegen gelassen habe: „Ich dachte mir, irgendwer wird sie schon finden und auf den Friedhof fahren." Über diese extreme Menschenverachtung, die über den Tod hinausreichte, konnten die Richter nur missbilligend den Kopf schütteln.

Summer nahm zurück nach Regensburg denselben Weg, auf dem er mit Rosa Brügel gekommen war. Erneut sah ihn der Schrankenwärter. Zwar habe er darüber nachgedacht, wo das junge, hübsche Mädchen verblieben war, sagte dieser später, zu keiner Sekunde war ihm aber in den Sinn gekommen, ihren Mörder ein zweites Mal gesehen zu haben.

Das Urteil des Volksgerichtes Regensburg vom 7. Juli 1919
Summer Josef, geboren am 6. Februar 1897 in Pfennigbach, Gemeinde Neukirchen am Inn, lediger Arbeiter, zuletzt beim Freikorps Schöttl in Regensburg, seit 21. Mai 1919 in Untersuchungshaft in Regensburg, wird wegen Mordes (Raubmord) zum Tode verurteilt.

Nachdem der Ministerrat des Freistaates Bayern mit Dekret vom 30. September 1919 auch das Gnadengesuch des Eisenbahnzugführers Josef Summer (Vater des Verurteilten) abgelehnt hatte, wurde das Todesurteil am 3. Oktober 1919 durch ein militärisches Exekutionskommando in Regensburg vollstreckt.

Ein Kuppler und Mörder

Der Gerichtstermin

Das Volksgericht für den Bezirk Deggendorf
in der Zusammensetzung mit: 2 Berufs- und 3 Laienrichtern (ein Bauer, ein Schreiner- und ein Schuhmachermeister, alle aus Deggendorf), dem 1. Staatsanwalt beim Landgericht und einem Gerichtsschreiber, hat in der öffentlichen Sitzung vom 12. August 1919 in der Strafsache gegen Schwarz Franz wegen Raubmordes folgendes Urteil erlassen:

Schwarz Franz, geboren am 18. September 1882 in Edenstetten, Bezirksamt Deggendorf, lediger Steinmetz von Edenstetten, in Untersuchungshaft, ist schuldig eines Verbrechens des Raubmordes und wird zum Tode verurteilt. Die bürgerlichen Ehrenrechte werden ihm auf Lebenszeit aberkannt.

Unterschriften der Berufs- und Laienrichter.

Edenstetten am 12. August 1919. Schon sehr früh am Morgen waren in den meisten Häusern die Lichter angegangen. Ein Ereignis stand bevor, dem die Menschen der 1078-Seelengemeinde mit gespannter Erwartung entgegensahen. Nicht alle konnten sich auf den Weg nach Deggendorf machen, um der Gerichtsverhandlung gegen einen Dorfschurken beizuwohnen, der sie allesamt durch eine ruchlose Tat an einem ordentlichen, arbeitsamen Mitbürger in Schande gebracht hatte. Die wenigen aber, die es sich nicht versagten, dem Prozess selbst beizuwohnen, mussten sich in Geduld üben, ehe sie nach ziemlichem Gemenge und Geschiebe einen Platz im Zuhörerraum einnehmen konnten. Der Andrang Neugieriger war so groß gewesen, dass der Gerichtssaal bei weitem nicht alle aufnehmen konnte.

Zur Verhandlung beim Volksgericht Deggendorf aufgerufen war der Fall des Raubmörders Franz Schwarz aus Edenstetten. Dem 37 Jahre alten ledigen Steinmetz haftete nicht nur in seinem Heimatdorf Edenstetten, sondern auch in der näheren und weiteren Umgebung der zweifelhafte Ruf an, ein arbeitsscheuer Gauner und Tunichtgut zu sein, dem jeglicher Sinn für eine Wertordnung sowohl im dörflichen wie auch im staatlichen Gemeinwesen abhanden gekommen war. Mehr darzustellen, als er wirklich war, prägte seine gesamten Lebensumstände und führte ihn geradewegs auf den Pfad der Untugend und in die Kriminalität. Bereits in jungen Jahren straffällig geworden, verbüßte er wegen Diebstählen, Betrügereien und Körperverletzung mit Todesfolge fünf Jahre und acht Monate im Zuchthaus und stand weiterhin im Verdacht, im April 1910 bei Schalterbach einen Holzschuhmacher aus Holzschwaig ermordet und beraubt zu haben. Diese Tat konnte ihm jedoch nicht einwandfrei nachgewiesen werden, so dass der Rechtsgrundsatz „in dubio pro reo" – im Zweifel für den Angeklagten – Anwendung fand. Als „Gezeichneter", dem alles zugetraut wurde, hatte er aber weiterhin gegolten.

Ständig in Geldnot

Franz Schwarz war ein Frauentyp und hinter jedem Kittel her. Alle undenkbaren Mittel wandte er an, um ein angestrebtes Ziel zu erreichen, und das hieß in seinem Fall die Befriedigung sexueller Begierden. Witwen, einfältigen Bauernmägden, Küchen- und Stubenmädchen versprach er die Heirat, gaukelte Wohlstand und Reichtum vor, entlockte ihnen unter fadenscheinigen Vorwänden ihre Ersparnisse und verschwand dann auf Nimmerwiedersehen. Ständig in Geldnöten versuchte er sich als Kartenspieler und Kegler, lieh sich gegen Schuldschein von Mitspielern Geld und verlor es postwendend wieder an sie zurück. Ein nicht mehr übersehbarer Schuldenberg häufte sich an. Als die Gläubiger auf Rückzahlung drängten und mit gerichtlichen Schritten drohten, geriet er derart in die Bredouille, dass er sich entschloss, irgendeinen „Geldigen" zu berauben.

Am Montag, dem 28. April 1919, kehrte Schwarz in Deggendorf in der Gastwirtschaft Schattenfroh ein und traf dort auf den Waldfrüchtehändler Rupert Kraus aus Edenstetten. Beide kannten sich vom gemeinsamen Heimatdorf her und Kraus wusste deshalb, wie Schwarz seinen Lebensunterhalt bestritt. Da es zwischen ihnen aber noch keinerlei Differenzen gegeben hatte, hegte Kraus keinen Argwohn gegen Schwarz. Die Begrüßung war dann auch so, wie es bei guten Bekannten üblich ist. „Grüß dich, Rupert!" – „Servus Franz!" Sie reichten sich die Hand, denn sie waren sich schon eine Zeit lang nicht mehr begegnet. „Was macht der Handel, wia gehts Gschäft?", fragte Kraus. „I bin zfriedn", antwortete Schwarz – obwohl er seit längerem auf dem Trockenen saß. Doch an diesem Vormittag war ihm das Glück hold gewesen. Ein Viehhändler hatte ihm nämlich den Auftrag gegeben, bei der Kagerbäuerin in Gmeinreuth ein Kalb zu kaufen. Er hatte ihm 460 Mark gegeben und gesagt: „Wennst as gschickt anpackst, kannst da wos vadiena. Muasst bloß guat handeln." Schwarz war in bester Stimmung, denn vom Handel verstand er etwas. „Der Bäuerin luchs i scho was ab, dö is mia nöd gwachsn. Wia wars nachat, wenn i dem Gschäftl glei no a anders zuawe häng?"

Schwarz wusste, dass Kraus auf Freiersfüßen wandelte. ‚Dem könnt i doch glei die Theres anschmusen. Am Kaiwe vadiena und a Schmusergoid dazua, war dös nix?'

Die verwitwete Theres Kagerbauer, Bäuerin in Gmeinreuth, war nicht abgeneigt, nach längerer ehelicher Abstinenz wieder in den Stand der Ehe einzutreten. Sie hatte schon etliche Male einen Heiratsvermittler, einen sogenannten „Schmuser", angehalten, für sie nach einem akzeptablen Mann Ausschau zu halten. Es hatte sich aber keiner gefunden, der ihr zugesagt hätte. ‚I moanat, da Rupert war da Richtige für die Theres', Schwarz steuerte sein Ziel direkt an. „Hosd allaweil no koane zon Heiratn gfundn?" „Na, bis aitzand nöd. Tatst vielleicht oane wissn für mi?" Um Spannung aufkommen zu lassen, hob Schwarz sein Bierglas, prostete Kraus zu und beide nahmen einen kräftigen Schluck. Dann fuhr Schwarz fort: „I wissat oane, ja. Und dös warat a guate Partie." „Wer soi nachat dös sein?" Kraus war neugierig geworden. „Hosd no nix vo da Kagerbäuerin vo Gmeinreuth ghört? Die Theres Kagerbauer, a fesches Weiberts, hod an ‚Diridari', an schena Hof und passat zuawö zu dir. Kannst mitgehn mit mir. I hob a Gschäft mit ihr. Oschaugn kost nixn." „Guat, wann pack mas?" Kraus wollte sich die Frau tatsächlich ansehen. „Morgn, glei in aller Herrgottsfruah, wanns dir recht is."

Schwarz und Kraus nächtigten im Gasthof Schattenfroh und nahmen aus Kostenersparnis ein gemeinsames Zimmer. Als Kraus Zeche und Übernachtung im Voraus bezahlen wollte, holte er aus der Joppentasche die Brieftasche und entnahm ihr einen größeren Geldschein. Schwarz bekam Stielaugen. ‚So vui Banknoten mit so hohen Ziffern. A etla Tausenda werns scho sei. Dös Puiver wenn i hätt war i alle Sorgen los', sinnierte Schwarz. Mit einem Male fiel es ihm wie Schuppen von den Augen. ‚Dös is der, den i gsuacht hob. Manderl, dös Goid bist boid los.'

Auf dem Weg ins Unglück

Die von Kraus gewählte Wegroute über Edenstetten nach Gmeinreuth war nicht jene, die dem Schwarz vorgeschwebt hatte. Er wollte eine andere Richtung gehen, wo sich am ehesten eine günstige Gelegenheit ergeben hätte, die vorgefasste Raubtat auszuführen. Von ihm geplant war, Edenstetten zu umgehen und nur Wiesen- und Waldwege zu benutzen.

In Gmeinreuth trafen sie die Kagerbäuerin aber nicht an. Eine Magd gab die Auskunft, die „Herrin" sei nach Deggendorf, wann sie zurückkäme, sei ungewiss. „Aitzand hama an Salat", meinte Kraus. „Du kriagst as Kaiwe nöd und i kann d'Bäuerin nöd ‚besichtigen'. Gengama hoid auf Bremersbach und schwoama unsern Schneidergang owi."

Beim Schmied-Wirt in Bremersbach waren sie die einzigen Gäste. „Hosd an Glusta auf a Spielchen?", forderte Kraus heraus. „Warum nöd", erwiderte Schwarz, „wennst gnua Goid bei dir hosd, könnama ‚Bankeln' (= Siebzehnundvier)." „Am Goid sois nöd fehln. Wannst nur du soim gnua hosd." Kraus legte seine Brieftasche neben sich auf den Tisch, begann als „Bankhalter" und legte gleich einen ziemlichen Einsatz vor. Schwarz hatte eine Glückssträhne und gewann in kurzer Zeit einen Hunderter. „Mia langts. Heut mags mi nöd. A andersmoi wieda."

Kraus steckte die Geldtasche weg, zahlte seine Zeche und verließ die Gaststube. Schwarz folgte. Ihre Wege trennten sich. Kraus ging zurück nach Edenstetten, Schwarz wieder nach Deggendorf. Er ärgerte sich darüber, dass sein Vorhaben dermaßen fehlgeschlagen war.

In Deggendorf kehrte Schwarz diesmal im Gasthof Englwirt ein. Der erlebten Enttäuschung verschaffte er Luft, indem er zehn Halbe Bier in sich hineinschüttete. Volltrunken musste er im Gasthof Nachtquartier nehmen, da er nicht mehr fähig war, anderswo hinzugehen. Mit einem furchtbaren Brummschädel betrat er anderntags am späten Vormittag die Gaststube. Er setzte sich einem ihm unbekannten Mann gegenüber, den er als „betucht" taxierte und von dem er glaubte, ihn zu einem Kartenspiel überreden zu können. „Karten spiele ich nicht", sagte der Gast, „aber Kegeln, das tät ich gern." Schwarz war einverstanden. Sie kegelten um hohe Geldeinsätze und er verlor alle Barschaft, auch jenes Geld, das ihm der Viehhändler anvertraut hatte. Zu spät war er dahinter gekommen, dass er einem Profikegler auf den Leim gegangen war.

Völlig blank, wieder einmal einen Schuldenberg im Nacken und keine Aussicht, regulär eine Geldquelle anzapfen zu können, befand er sich in einer ausweglosen Lage. ‚Goid muass her und wenn i dafür jemand umbringa soit.' Schwarz war jetzt zu allem entschlossen und für ihn stand auch schon fest, wer dieser Jemand sein würde: Rupert Kraus.

Es war Freitag, der 2. Mai 1919. Kraus hatte sich mit einer Frau in Deggendorf verabredet, zu der er über eine Heiratsannonce Verbindung aufgenommen hatte. Ein Zufall wollte es, dass er mit Schwarz zusammentraf. „Dös passt sich guat, dass ma uns scho wieda treffn", begann dieser ohne Umschweife. „Aitzand wissat i dir a ganz a andere Hochzeiterin. No a feschere wia d'Kagerbäuerin vo Gmeinreuth und Zaster hätts a mehra. Z'Eidsberg wohnts, d'Weinbergerin wars. Deucht dir was vo ihra?" „Nöd dass i wissat. Hab vo ihra no nix ghört. Aber rednma a andersmoi davo, bin nämli gschäftlich verabredt." Niemandem wollte er auf die Nase binden, mit wem er sich zusammenbestellt hatte.

Kraus schaute sich am vereinbarten Platz nach allen Seiten um, nirgends war aber eine Frau zu sehen, auf die jene Beschreibung zutraf, welche die Briefeschreiberin von sich selber gegeben hatte. Er wartete vergebens. ‚Foppen täts mi a no, dö Bissgurn. Mit mir geht dös nöd.' Kraus nahm die als Erkennungszeichen im Knopfloch des Revers an seiner Jacke steckende weiße Nelke heraus und warf sie zu Boden. ‚Warum hab i mi auf den Blödsinn eigentlich einlassen', sinnierte er und suchte Schwarz. Er fand ihn im Gasthaus Englwirt. „Franz, wennst moanst und wuist, gengma auf Eidsberg d'Weinbergerin bsuacha."

Schwarz war sofort parat und schwatzte ihm eine Wegstrecke auf, die seinem Vorhaben eine größtmögliche Chance einräumte. Über Berg nach Rindberg und von dort durch den Wald nach Eidsberg wollte er gehen – verfehlte aber den Weg. Sie kehrten um und machten in der Mostschenke in Bremersbach eine Pause. Es war 14 Uhr am Nachmittag. Eine knappe halbe Stunde später machten sie sich erneut auf den Weg. Es fing an zu regnen. In einem Waldstück westlich von Eidsberg stellten sie sich eine Weile unter einen Baum, gingen dann weiter über den „Butzen" – hier könnte es sich um einen Geländehügel handeln, auf den in der Gerichtsakte jedoch ein genauerer Hinweis fehlt – und dort brachte Schwarz den Kraus um. Er nahm ihm das Geld ab, deckte die Leiche mit Zweigen zu, beschwerte diese mit Steinen und trachtete danach, schnell und ungesehen nach Edenstetten zu kommen.

Der Mörder ist schnell gefasst

Ein Bewohner von Eidsberg fand am darauf folgenden Tag, es war Samstag, der 3. Mai 1919, den Getöteten mit zertrümmertem Schädel und einer Blutlache unter dem Hals. In Windeseile verbreitete sich die Kunde von dem Verbrechen an Kraus. Da dieser tags zuvor in Begleitung des Schwarz gesehen worden war, erhielt die Gendarmerie Hinweise auf diesen möglichen Täter. Schwarz selber nährte den Tatverdacht gegen sich durch größere Einkäufe in Deggendorfer Geschäften und Einlösung einiger Schuldscheine.

Franz Schwarz wurde am Sonntag, dem 4. Mai 1919, festgenommen. Von der geraubten Geldsumme besaß er noch 269 Mark. Zunächst leugnete er, der Gendarmerie lagen indes Zeugenaussagen vor, die Schwarz so sehr belasteten, dass er die Tat gestand. In den Gerichtsakten findet sich wörtlich sein Geständnis:

„Drüberhalb dem Butzen habe ich dem Kraus mit dem Hammer eine gegeben, ich habe ihm eine auf die Nase hingehaut, er ist umgefallen und ‚abikugelt' (= hinuntergerollt). Dann habe ich ihm das Geld genommen. Wie ich eingehaut habe auf ihn, da ist mir der Hammer ausgekommen, da ist Kraus nicht gleich zusammengefallen, er ist an den Hammer hin, ich aber habe diesen wieder gepackt und habe dem Kraus noch ein paar gegeben. Er hat immer geschrien, da habe ich ihm mit dem Messer in den Hals gestochen. Das Messer habe ich aus dem Hals nicht mehr herausgebracht, ich habe es stecken lassen. Das Heft (= Messerschaft) ist abgebrochen, den habe ich weggeworfen. Den Hammer habe ich von daheim mitgenommen, vor 2 Tagen schon, weil ich von Haus aus die Absicht gehabt habe, ich erschlag damit den Kraus. Ein Messer habe ich immer bei mir gehabt. Ich habe dann Angst gekriegt, dass ich aufkomme, da habe ich den Kraus mit Fichtenzweigen zugedeckt und dann Steine darauf gelegt. Dann bin ich heimgegangen nach Edenstetten."

Der zur Tat benutzte Hammer stammte aus einem Steinmetzbetrieb in Metten. Der Betriebsinhaber erkannte ihn als jenen, den ihm der Vater von Schwarz Jahre zuvor entwendet hatte. Das Tatmesser identifizierten Zeugen als das Schwarz'sche Brotzeitmesser.

Die Schlussfolgerung des Volksgerichtes lautet: „Der Angeklagte Schwarz war erwiesenermaßen in andauernder Geldverlegenheit und hatte große Schulden. Die Gläubiger bedrängten ihn, mit gerichtlichen Vollstreckungsmaßnahmen musste er rechnen. Er wusste aber auch, dass der von ihm Getötete ständig viel Geld mit sich führte. Er hatte beschlossen, Kraus umzubringen und ihn zu berauben. Mit der Lüge, er wolle ihm eine Hochzeiterin zubringen, lockte er ihn in eine Falle, führte den Arglosen auf einen abgelegenen Weg, erschlug ihn mit einem Hammer, den er zu diesem Zweck in der Hosentasche mittrug, zertrümmerte dem Opfer den Schädel. Als er noch Lebenszeichen wahrnahm, stach er dem Getöteten noch ein Messer in den Hals, um sicherzustellen, dass Kraus tatsächlich tot sei. Schwarz ist nach Überzeugung des Gerichtes, auf Grund eigenen Geständnisses und auf Grund von Zeugen- und Sachbeweisen, schuldig des Raubmordes an Rupert

Kraus. Die Strafe kann deshalb, durch das Gericht einstimmig gefasst, nur sein: Tod durch Erschießen!"

Die Todesstrafe an Franz Schwarz wurde am 24. November 1919 vollstreckt. Darüber ist vermerkt:

URKUNDE über den Vollzug der in der Strafsache gegen Schwarz Franz, lediger Steinmetz von Edenstetten, geb. 18.9.1882, wegen Raubmordes ausgesprochenen Todesstrafe.

Deggendorf, 24. November 1919

Unterm Heutigen wurde die mit rechtskräftigem Urteil des Volksgerichtes für den Bezirk Deggendorf vom 12. August 1919 gegen Franz Schwarz, led. Steinmetz von Edenstetten, geboren am 18. September 1882 in Edenstetten, wegen Raubmordes ausgesprochene Todesstrafe, nachdem der Ministerrat des Freistaates Bayern mit Beschluss vom 21. November 1919 von seinem Begnadigungsrecht keinen Gebrauch gemacht und die Vollstreckung des Todesurteils genehmigt hat, unter Leitung des Herrn Rittmeisters Freiherr von Speidel von einem Truppenkommando des Kavallerie-Regiments 21 in Straubing in folgender Weise vollstreckt:

Dem Verurteilten, Schwarz, wurde, nachdem er aus seiner Zelle in den Landgerichtsgefängnishof an den zur Vollstreckung bestimmten Ort geführt worden war, von einem Offizier die Urteilsformel vom 12. August 1919 vorgelesen.

Nachdem dem Geistlichen gestattet worden war, den Verurteilten nochmals zu sprechen, wurde der Verurteilte von der dem leitenden Offizier bestimmten Soldatenabteilung erschossen. Anwesender Gefängnisarzt, Landgerichtsarzt in Deggendorf, stellte den Eintritt des Todes des Verurteilten fest.

gez. Rittmeister Freiherr von Speidel   Obermüller
        Leitender Offizier   Vorsitzender des Volksgerichts

Eine ungewollte Schwangerschaft

Eine harmlose Liebschaft

Maria Nieberl, am 16. November 1897 in Abensberg geboren und dort bei der Mutter wohnhaft, kam zu Lichtmess 1919 als Magd auf den Liedl-Hof in Mauern. Das etwas schwachsinnige Mädel, in der Arbeit geschickt und willig, wurde nebenher zu einer unentbehrlichen Stütze im Haushalt der kränkelnden Bäuerin. In der Liedl-Familie war sie wohlgelitten und so freundete sie sich alsbald mit dem 18-jährigen Sohn Jakob an, was den Eltern aber missfiel. Die kräftige, vitale Dirn legte es plötzlich nachgerade darauf an, den zurückhaltenden und eher scheu wirkenden Jakob zu umgarnen. Die Bauersleute waren besorgt um das Seelenheil ihres Sohnes und fürchteten gar, er könnte den Reizen der Magd unterliegen, mit denen diese recht offenherzig umging.

Zwischen den jungen Leuten entwickelte sich tatsächlich ein heimliches Verhältnis, das im Januar 1920 erstmals zur geschlechtlichen Vereinigung führte. Fortan war Jakob bei der Magd jederzeit willkommen, wenn ihn die Lust überkam. Auf die Liebschaft fiel jedoch ein jäher Schatten, als Jakobs Eltern Verdacht schöpften. Mehrfach hatten sie doch den Sohn davor gewarnt, mit der schwachsinnigen Dirn etwas anzufangen. Jakob konnte die Mahnungen nicht beiseite schieben, durfte sich in keine missliche Lage hineindrängen lassen – das Hoferbe stand auf dem Spiel. Deshalb schärfte er Maria ein: „Mach'ma koane schena Augn mehr, wenn da Vata oder d'Muatta in der Näh san, und lang mi nöd an, es kanntat Kalamitätn gebn."

Jakob und Maria fingen an, immer öfter miteinander zu keifen. Grobe Schimpfwörter fielen. Die Bauersleute vermerkten dieses mit Wohlgefallen. „Wer sö andauernd so angift, kann nix mitnander hom", sagte die Bäuerin zu ihrem Mann. „Mia braucha uns, glaub i, koane Sorgn mehr macha." Der Bauer aber dachte anders. „Nur nöd voreilig denka, Muatta, dö san jung und ungestüm wia zwoa Rössel. Vor allem d'Marie is ma a bisserl z'hitzig. Dös zoagtsö do, wenns an Jakl ihrene Brüstl hinhoit. Da müassat er do ganz aus der Art schlagn, wenn na sowas nöd reizen tät" „Geh Vatta, da Jakl is doch no a Bua." „Hoit stad a wengerl. Warn mia nöd a erst a neunzehn Jahrl, wias bei uns gschnacklt hod?" Verschämt wie ein junges Dirndl sah die Liedlin ihren Mann an. „Lass sei, Vatta. Müass'ma hoid aufmirka aufn Buam, dass'n nöd eifangt. D'Madln san hoid eher reif und manchmoi a rechte Luada. Im Übrigen: Der Bua woass scho, dass nöd ganz richtig is ön Kopf. Der lasst d'Finger scho vor ihra."

Maria wird schwanger

Wieder einmal fetzten sich Jakob und Maria heftig. Zornig fauchte sie ihn plötzlich an: „Aufm Heubodn und in meiner Kammer bin i dir guat gnua. Brauchst mi nöd allweil so beleidigen. I bin koa Matz nöd. Hob i scho oamoi zu dir Hurnbock gsagt?" Marias barscher Gefühlsausbruch verschlug ihm fast die Rede. Er schämte sich seiner Grobheiten und versuchte sie zu beruhigen. „Sei stad, dös derf doch neamand wissn, wos mia zwoa mitnanda ham. I schimpf di nimmer, dös vasprich i." Durch einen Tränenschleier sah die Magd auf ihn und sagte fast entschuldigend: „Jakl, mia kriang a Kind!" „Wos sagst du da?" Wie vom Donner berührt war er von dieser Eröffnung, obwohl er mit einem solchen Geschehen hätte rechnen können. Seine Unkenntnis in Dingen der Geschlechtlichkeit hatte ihn gar nicht auf die Idee gebracht, dass er ein Kind zeugen könnte.

Jakob forderte von Maria strenges Stillschweigen gegenüber jedermann. „Weder dei Muatta noch meine Eltern derfa davo was erfahrn. Vasprich mia, dass'd nix sagst." Er flehte Maria an, versprach ihr alles, was sie wolle, nur stillhalten müsse sie. „Dö merkan sowieso boid, wos mit mia los is. Mei Bauch wird immer greßer. Bin doch scho im siebten Monat." Zögernd brachte sie diesen Einwand vor. „Warum hosd mia dös nöd scho eher gsagt? Da hätt'ma was dagegn tuan könna. Z'Rengschburg drinna is a Englmacherin, dö hätts dir scho weggnomma."

Als Maria ihm die Schwangerschaft offenbart hatte, war Jakob in Panik geraten. „Wenn die Alten erfahrn, dass i die Dirn ogführt hab, vom

Hof jagns mi." Verzweiflung ergriff ihn. Wie sollte er den Kopf aus der Schlinge kriegen? Da reifte in ihm der Plan heran, Maria umzubringen und damit gleichzeitig die Frucht des geschlechtlichen Umgangs mitzubeseitigen.

Am dritten Julisonntag 1920 wollte er die Tat ausführen. An diesem Tag wollte Maria ihre Mutter in Abensberg besuchen. Sie benutzte die Straße von Mauern über Neustadt a. d. Donau Richtung Abensberg. Jakob war ihr mit dem Fahrrad gefolgt, in der Absicht, sie am Rand des Welschenbachwaldes zu erschießen oder zu erstechen. Zu diesem Zweck führte er einen Revolver und ein Stilett mit sich, dessen Klinge er extra scharf geschliffen hatte. Als er aber Maria in einiger Entfernung sah und wie ungelenk sie sich dahinschleppte, verlor er plötzlich den Mut. Verärgert über seine Empfindsamkeit wendete er und fuhr zurück nach Mauern.

Marias Schwangerschaft war sichtbar und bekannt geworden. „Wer isn da Voda vom Kind?", fragte die Liedl-Bäuerin. „Dös sag i nöd", antwortete die Dirn. „S'braucht neamand z'wissn." Jakobs Mutter geriet ins Grübeln. Hatten sich sie und ihr Mann doch getäuscht? Sind sie vom Buam und der Magd hinters Licht geführt worden? Klarheit musste geschaffen werden und sie fragte deshalb den Sohn: „Sei ehrlich, Bua, hosd mit der Dirn wos ghabt? Is sie vo dir schwanger?" „Nöd dass i wissat." Mürrisch, unfreundlich klangen seine Worte und ließen bei der Mutter erhebliche Zweifel zurück.

Gegen Ende August wurde Maria Nieberl vom Bauern Liedl wegen der nahe bevorstehenden Entbindung aus dem Dienst entlassen. „Gehst hoam zur Muatta. I kann neamand mit am Bankerten aufm Hof braucha. Der dir s'Kind oghängt hod, wiad scho zoin dafür. Und wenn nöd, muasstn hoid grichtsmaßi vaklagn."

Am Sonntag, dem 29. August 1920, früh um halb sieben, verließ die Magd den Liedl-Hof. Ohne jedes Gepäck, nur mit dem, was sie am Leibe trug. Der geringe Lohn, den sie vom Bauern bekommen hatte, war nicht dazu angetan, sich große Einkäufe zu leisten. Er reichte gerade aus, der eigenen ärmlich lebenden Mutter hin und wieder ein paar Markl zustecken zu können. „Arm wia a Kirchamaus bin i zu enk kemma, genauso geh i wieder fort. Pfüadi Bauer, pfüadi Bäuerin. Und dankschö für oiss." Trauer im Herzen und mit Zukunftsängsten machte sie sich auf den Weg nach Abensberg, heim zur Mutter.

Durch das offene Fenster seiner Schlafkammer oben auf dem Dachboden hatte Jakob mitgehört, wie sich Maria von den Eltern verabschiedete. Ihn vermisste man anscheinend nicht, und niemand rief ihn, um der Dirn auch „Pfüa God" zu sagen. Hinuntergegangen wäre er ohnedies nicht, denn ihm stand anderes im Sinn. „Heut muass gschehn", nahm er sich vor. „Und schief gehn derf nix mehr." In der Hand den sechsschüssigen Revolver mit scharfen Patronen in der Trommel und das Stilett in der Jackentasche, fühlte er sich diesmal stark genug, die Tat zu begehen. Noch hatte er ein wenig Zeit, der Nieberl zu folgen. Einen gewissen Vorsprung musste er ihr schon geben, denn er wollte nicht in einer Gegend auf sie treffen, wo er gesehen werden konnte.

Mutter und Kind müssen sterben

Fünfundzwanzig Minuten nachdem Maria aufgebrochen war, fuhr Jakob mit dem Fahrrad vom Anwesen. Auf der Landstraße außerhalb Neustadt a. D. in der Nähe des Ulrichparkes holte er sie ein. „Wo kimmstn du aufamoi her? Hosd dir nöd traut, mir bei enk dahoam Pfüa God zon sagn? Oder hosd dich gschamt, mia nomoi unter d'Augn ztretn? I bin schwar enttäuscht vo dir." An ihren traurigen Augen war es abzulesen, wie sehr sie sich gedemütigt und beleidigt fühlte. Jakob antwortete nicht, fuhr nur langsam neben ihr her. Dort, wo südlich vom Bahngleis der Fußweg nach Abensberg links der Straße abzweigt, stieg er vom Rad, um Maria möglichst nahe zu kommen. Eine rechte Unterhaltung kam nicht auf. Ihre Einsilbigkeit wurde meist durch längere Pausen unterbrochen. Nur einmal, als Jakob danach fragte, ob sich das Kind schon rühre, taute Maria auf. „Ja, manchmoi bumbats scho recht im Bauch. I glaub, dös wiad a Bua, so lebhaft wiar a sö gibt."

Der Weg, auf dem sie gingen, führte hin zum Welschenbachwald und dort weiter in Richtung Neustadt-Abensberg an einem Entwässerungsgraben vorbei. Hier wurde es so eng, dass zwei Personen nebeneinander nicht Platz hatten. Arglos ging die Nieberl voraus. Kaum dreißig Meter auf dem Dammweg gegangen, zog Liedl plötzlich den Revolver und schoss ihr meuchlings zweimal rasch nacheinander in Kopf und Rücken. Erst nach dem zweiten Schuss kullerte die Getroffene hinab in den eineinhalb Meter tiefer liegenden Graben. Jakob sprang hinterher und feuerte weitere zwei Schüsse in schneller Folge auf ihre linke Schläfe. Maria hatte sich an der grasbewachsenen Böschung festgekrallt und gellende Schreie ausgestoßen. Mehrmals rief sie nach der Mutter. Die Geschosse verursachten zwar schwere Verletzungen an Kopf und Rücken, waren jedoch nicht tödlich. Nun zog Liedl das Stilett, stach erbarmungslos und wuchtig gegen Kopf, Rücken, rechten Oberarm und in die Brust. Die Wunden am Oberarm hatten den Schluss zugelassen, dass sich die Gepeinigte wehren wollte und sich in Abwehrhaltung befand. Maria bettelte um ihr Leben, schrie und wimmerte zuletzt nur noch in ihrem Schmerz. Völlig außer Kontrolle geraten und wie im Blutrausch stieß der Mörder ihr das Stilett so lange in den Körper, bis das Röcheln und Gurgeln der Sterbenden verstummten. Liedl hatte sein Opfer in einer Weise abgeschlachtet, wie es noch keinem Stück Vieh widerfahren war. Lunge, Zwerchfell, Rippen und die Leber waren durchschnitten, das heranwachsende Kind im Mutterleib abgetötet. Die Stiche waren so kräftig und heftig geführt, dass die Klingenspitze am Messer abbrach und Liedl sich dabei selbst an der Hand verletzte.

Eine Stunde nach ihrem Weggang vom Liedl-Anwesen war Maria Nieberl tot. Umgebracht nicht von Schüssen aus einem Revolver, sondern hingemordet mit 48 vom Gerichtsarzt festgestellten Messerstichen, die den Körper der Getöteten entsetzlich verstümmelt und zum Ausbluten gebracht hatten.

Der Mörder verschafft sich ein Alibi

Ohne Hast und Eile reinigte Liedl das Messer vom Blut, schwang sich aufs Fahrrad und radelte den Weg zurück zur Landstraße bis zur Abzweigung nach Heiligenstadt, dann weiter hinein in den Ort zum Haus seines dort wohnenden Onkels, um sich ein Alibi zu verschaffen. Dabei musste er so tief in Gedanken versunken gewesen sein, dass er nicht bemerkt hatte, an einem Mann vorbeigefahren zu sein. Nach kurzem

Verweilen fuhr er weiter nach Neustadt a. d. Donau. Dort besuchte er verschiedene Bekannte, ohne einen plausiblen Grund dafür zu nennen. ‚Merkwürdig', dachte sich auch der Dorfschmied, als Liedl zu ihm kam. Auf die Frage, warum er an der Hand blute, antwortete Jakob: „Mitm Radl hods mi gschmissn und dabei bin i aufs Pedal gfalln und hob ma a Risswundn zuazogn." Die „Schmiedin" legte ihm einen Wundverband an, danach ging Liedl in die Ortskirche zum Frühgottesdienst.

Froh gelaunt und überzeugt, von niemandem gesehen worden zu sein, fuhr Liedl heim nach Mauern, säuberte den Revolver von Blut- und Schmauchspuren und legte ihn in ein sicheres Versteck. Beim Mittagessen fragte ihn die Mutter, wo er denn mit dem Fahrrad hingefahren sei. Ausweichend antwortete Jakob, er hätte Lust gehabt, wieder einmal eine Radtour ins Grüne zu machen. Und beiläufig meinte er: „Beim Onkel z'Heilingstod bin i a gwen." Nach dem Essen begab er sich in seine Kammer. Da brachen mit einem Male Seelenqualen über ihn herein. In seiner Verzweiflung ging er zu einem gut befreundeten Burschen im Ort, vertraute diesem an, welch scheußliches Verbrechen er begangen hatte, und bat darum, ihm bei der „Verräumung" der Leiche zu helfen. „I zahl dir vui Goid, wennst ma huifst", versuchte er den Freund zu ködern. Diesen hatte bei dem schauerlichen Geständnis aber kaltes Grausen gepackt. „Na, Jakl, für sowas bin i nöd zum habn. Muasst dir scho wen anders suacha, mi aber lass damit in Ruah. Vasprecha tua i dir aber, nix vo dem weiter zu vazoin, wosdma gsagt hosd."

Um möglichst viele Zeugen aufweisen zu können, mit denen er am Tag zusammengetroffen sei, machte er anschließend dem Wasenmeister in Mauern seine Aufwartung. „Is was bsunders", fragte er Jakob. „Bist scho lang nimmer bei uns gwen ." Früher saßen sie öfter einmal bei einem Schwatz zusammen, vor allem dann, wenn der Liedl-Bauer ein notgeschlachtetes Stück Vieh zu beseitigen hatte. „Habts wieder a verreckte Kuah für mi?", wollte der Wasenmeister wissen. Wasenmeister war die Berufsbezeichnung für die „Abdecker" oder „Schinder", die sich um die Tierkörperbeseitigung kümmerten. Notgeschlachtete oder verendete Tiere, die nicht für den menschlichen Verzehr geeignet waren, oder andere Tierkadaver wurden dem „Schinder" übergeben. Gegen Bezahlung vergrub er die Kadaver auf eigens dafür ausgewiesenen Wasenplätzen. „Desweng bin i nöd kemma. I wollt bloß s'Marerl wieder amoi sehn." Das fesche Dirndl des Wasenmeisters spukte ihm längst schon im Kopf herum, er hingegen war aber nicht nach dem Gusto des Mädels. Ganz unerwartet sagte Marerl: „Hosd scho ghört davo, enker Dirn, d'Niebler Marle is umbracht worn. In der Näh vom Welschenbachwald am Entwässerungsgrabn sois passiert sei, hoaßts. D'Nachbarsleit hams uns vazoit. S'ganze Dorf woass scho." „Na, i hob no nix davo ghört", antwortete Jakob. „Is aba nöd schad um sie. Dabarmt ma nöd. War eh a wengerl blöd." Diese Rede machte den Wasenmeister stutzig. Warum berührt es den Jakl nicht, dass die mehr oder minder von seinem Vater vom Hof verwiesene Magd getötet worden ist? Und er wollte nichts davon wissen, wenn es bereits Ortstratsch war? Die Marie war doch trotz ihrer geistigen Behinderung ein guter, zuverlässiger Dienstbot gewesen. ,Dös kimmt ma scho a bisserl verdächtig vor, man solls dene Gendarm wissn lassn.' Gedacht, getan. In der nächsten halben Stunde bereits protokollierte ein Beamter der Abensberger Gendarmerie, was ihm der Wasenmeister über Jakobs Äußerung mitteilte.

Ein Zeuge meldet sich

Zahntechniker Xaver Niederreuther aus Abensberg hatte eine Beobachtung gemacht, die ihn nachdenklich stimmte. ,Schüsse zu derer Zeit am frühen Morgen und in dieser Gegend? Da stimmt was nöd.' Er ging zur Gendarmerie und erzählte von dem Vorfall.

Ein Beamter schrieb wörtlich auf: „Ich, Xaver Niederreuther, 54 Jahre alt, Zahntechniker in Abensberg, ging heute, Sonntag, 29. August 1920, in der Frühe von Pförring auf der Staatsstraße nach Abensberg. Als ich auf der Staatsstraße Neustadt-Abensberg an die Stelle kam, wo der Weg von Oberulrain in die Staatsstraße mündet, und sich in dem durch den Welschenbach nach Abensberg führenden Fußweg fortsetzt, und dort die Straße überquerte, hörte ich zwei rasch hintereinander folgende Schüsse und nach etwa einer Minute zwei weitere Schüsse, auch unmittelbar nacheinander. Gleich nach den vier Schüssen hörte ich eine Frauensperson furchtbar schreien. Wie ich diese

Wahrnehmung machte, ging gerade ein etwa 30-jähriger Bursche aus Oberulrain kommend auf die Straße. Als die Schüsse fielen, schaute dieser auf die Uhr. Wir gingen dann zusammen auf dem Fußweg über die Wiesen nach Abensberg. In der Gambiniusbrauerei schaute er wieder auf die Uhr und sagte, jetzt haben wir gerade zehn Minuten gebraucht. Als ich nach einigen Minuten dann nach Hause kam, schaute ich auf die Uhr und da zeigte diese fünf Minuten vor 7.45 Uhr morgens. Nach meiner Meinung sind die Schüsse um 7.15 Uhr morgens gefallen."

Xaver Niederreuther bot sich an, den Gendarmen an die Stelle zu führen, an der die Schüsse gefallen sein mussten. Unterwegs begegnete ihnen ein Mann, der die Schüsse ebenfalls gehört hatte, der Sache nachgegangen war und dann die Ermordete fand. Er berichtete von einem jungen Burschen, der mit einem Fahrrad an ihm vorbeigefahren war. Diesen verdächtigte er der Tat.

Wie sich beim Hausbau Stein auf Stein fügt, so reihte sich im Mordfall Nieberl Indiz an Indiz, und bald schloss sich die Beweiskette um Jakob Liedl. Noch am Abend nahmen Gendarmeriebeamte den Bauernsohn fest und der Amtsrichter in Abensberg erließ Haftbefehl gegen ihn wegen dringenden Mordverdachts.

Der Mörder gesteht

Liedl war zuversichtlich, nicht der Tat überführt werden zu können. Für ihn gab es keinen Tatzeugen und er erinnerte sich auch nicht daran, irgendwem begegnet zu sein. Das hingegen war ein Trugschluss gewesen. Jakob leugnete tagelang. Erst als ihm die inzwischen angesammelten Beweise vorgehalten wurden und er erkannte, dass Leugnen nutzlos sei, lenkte er ein und gestand die Tat umfassend.

Jakob Liedl, geboren am 19. Februar 1901 in Mauern, Bezirksamt Kelheim, lediger Bauernsohn von Mauern, wurde am 14. Oktober 1920 vom Volksgericht Regensburg wegen Mordes an der 22-jährigen Dienstmagd Maria Nieberl von Abensberg zum Tode verurteilt und schon einen Monat danach, am 12. November 1920, hingerichtet. Das erkennende Gericht war einhellig der Meinung, dass der Angeklagte zum Tode verurteilt werden musste. Obwohl Liedl noch keine 20 Jahre alt war, lautete die einstimmige Richterwertung: „Der Angeklagte hat trotz seines jungen Alters die Tragweite seines Handelns erkennen können und er hat nach dieser Erkenntnis vorsätzlich gehandelt und die Dienstmagd Maria Nieberl mit Wissen und Wollen getötet."

Die per Gesetz Nr. 43 vom 12. Juli 1919 vom Landtag des Freistaates Bayern eingerichteten Volksgerichte hatten nicht nur Verbrechen gegen den Staat wie Hoch- und Landesverrat abzuurteilen, sie waren auch zuständig für die Aburteilung von Mordfällen. Urteile dieser Gerichte waren rigoros, drakonisch und den Förmlichkeiten der ordentlichen Strafverfahren nicht unterworfen. Gegen Urteile der Volksgerichte gab es keinen weiteren Rechtsweg, sie wurden mit der Verkündung rechtskräftig. Dem Verurteilten stand lediglich das Recht zu, den Bayerischen Ministerrat schriftlich um Gnade zu bitten. Machte der Ministerrat von seinem Begnadigungsrecht keinen Gebrauch, wurden die Todesurteile schnellstmöglich vollstreckt. Die Hinrichtungen erfolgten ausnahmslos durch Erschießen. Neben den militärischen Erschießungskommandos waren solche der Bayerischen Landespolizei gleichgeschaltet.

Jakob Liedl wurde von einem militärischen Kommando im Hof des Landgerichtsgefängnisses Regensburg erschossen.

Doppelmord und Feuersbrunst

Das Gütlerehepaar Grünwiedl

Zwischen der Einöde Straß und dem Ort Hebrontshausen, etwa 1¼ Gehstunden von Mainburg entfernt, bewirtschafteten die Gütlerseheleute Sebastian und Anna Grünwiedl das in eine Talmulde eingebettete Einödanwesen „Straßhäusl". Das Haus hatten sie mit ihren sechs Kindern vor 1½ Jahren bezogen.

Sebastian und Anna waren bis zu ihrer Verheiratung lange Jahre als Knecht und Magd in bäuerlichen Diensten gewesen. Jeden entbehrlichen Groschen vom ohnehin kärglichen Lohn legten sie in den Sparstrumpf, um mit ein wenig Glück einmal ein kleines „Sachl" erwerben zu können. Nachdem sie in den Ehestand getreten waren, verdingten sich beide mit Taglöhnerarbeit und Anna machte nebenher noch Flitterarbeiten. Darin sehr geschickt, nähte sie halbe Nächte lang und auch sonntags dünne, kleindurchlöcherte Rundscheibchen, gold- und silberglänzend oder aus buntfarbigem Metall, als Zierschmuck auf die Kleider betuchter Bäuerinnen, deren Töchter oder anderer Frauenspersonen, die finanziell „gut eingesäumt" waren. Ihre Nähkunst hatte sich in der Umgebung herumgesprochen und das Geschäft florierte. Bald klimperten im Sparsäckel auch Silberlinge. Die Familie vergrößerte sich durch reichen Kindersegen und unverhofft wurden sie mit einer kleinen Erbschaft bedacht. Jetzt reichte das „Gerstl", sich mit einer kleinen Bankhypothek in Straßhäusl einzukaufen.

Die Grünwiedls waren brave Leute, die Tag um Tag von früh morgens bis spät abends rackerten und werkelten, um das etwas heruntergekommene Anwesen wieder aufzurichten. Die Früchte ihrer Arbeit stellten sich alsbald ein. Der Viehbestand und das Kleingetier – Gänse, Enten und Hühner – mehrten sich, die ersten Hypothekenzinsen konnten anstandslos bezahlt werden und von den Erträgen zweier Ernten blieb noch einiges übrig. Sie erarbeiteten sich ein gesichertes Auskommen, der Blick in die Zukunft war hoffnungsvoll. Da geschah das Entsetzliche: Die Eheleute Grünwiedl wurden ermordet, das Anwesen angezündet.

Feuer in der Nacht

Sebastian hatte die Stallarbeit beendet, sein Feierabend konnte beginnen. Er trat von der Hausfletz hinein in die Wohnstube. Die Kinder saßen erwartungsvoll am Tisch, die Mutter stand am Herd, streute Salz auf die Ofenplatte und ihm schlug scharfer Geruch von angebrannter Milch entgegen. „Is d'Milli wieder überglaufen?", fragte er vorwurfsvoll. „Host wieda nöd aufgmirkt." Anna fühlte sich betroffen. „So was kann doch amoi vorkemma, oder?", gab sie zurück. „Is dir nöd a scho amoi was danebn ganga?" Der Disput war damit beendet. Anna trug die Nachtsuppe auf. Sie fiel ein bisschen karger aus wie sonst, hungrig musste aber niemand vom Tisch. Sebastian sprach das Dankgebet, die Kinder gingen hinauf auf den Dachboden in ihre Kammern und legten sich schlafen.

An den Abenden, nach getaner Arbeit, saß Sebastian am Tisch, las entweder in der Zeitung oder blätterte in der Bibel, während die Frau Handarbeiten machte. Aus der Bibel schöpfte Grünwiedl stärkende Kraft, um sich im christlichen Glauben „satanischer Anfechtungen" erwehren zu können, die ihn gelegentlich lockten. Diesmal lag die Zeitung ausgebreitet vor ihm, aufgeschlagen war die Seite mit den Todesanzeigen. Plötzlich schlugen die beiden Hofhunde heftig an. Ihr Bellen und Jaulen nervten. „Was ist heut nur mit de Hund los?" Um diese Zeit, die Zeiger der Uhr standen auf Viertel nach acht, waren sie in ihrem Zwinger und gaben eigentlich Ruhe. Anna, durch den Lärm in ihrer Arbeit gestört, sah zu Sebastian auf: „Eigenartig is dös scho, dass die Hund gar so unwirsch san. Geh zua, Wastl, schau nach, ob sö vielleicht draußen wer rumtreibt."

Sebastian ging vors Haus. Seit Stunden regnete es wie aus Kübeln und das Wasser prasselte auf die Dächer und in den Hof. Er rief in die Finsternis hinein: „Is da jemand?" Nichts rührte sich. Noch einmal, aber viel lauter, wiederholte er: „Is jemand da? Braucht sö neamands vastecka vor uns." Wieder nichts, keine Resonanz. Ungeachtet des Unwetters rannte Grünwiedl hinüber zum Holzschupfen, wo die Hundehütten standen. Die beiden Rüden zerrten an den Ketten und gebärdeten sich wild wie nie. Erst begütigendes Zureden und Streicheln beruhigten die Tiere. Durchnässt von einem kräftigen Regenguss betrat er wieder die Stube. „Ich hab nix Bsonderes festgstellt. D'Hund ham zwar immer in die Richtung aufs Haus zura bellt, grührt hod si dort aber gar nix." „Am End hods regna sie a wengerl aufgschreckt", meinte die Frau und gemahnte: „Ziag 's nasse Zeug aus, kannsta leicht an sakrischen Katarrh hoin." „Tät ma gar nöd schadn. Bei so am Sauwetter jagt ma koan Hund aussi. Bloß i war so damisch und hob ma an Duscher eingfangen." Widerwillig legte er die Kleidung ab und schlüpfte gleich ins Nachtgewand. Er hatte seiner Nandl gehorcht und der Abendfrieden schien wiederhergestellt.

Sebastian hatte sich erneut in die Zeitung vertieft. Weil er von der Tagesarbeit ermüdet war, stützte er den Kopf in die rechte Hand. Nach einiger Zeit abrupter Stille, sagte er: „Nandl, d'Hund belln nimmer." Schlagartig waren diese verstummt. Müdigkeit und Schläfrigkeit übermannten Sebastian, ihm fielen die Augen zu. „Wastl, geh ins Bett. Muasst wieda früah aus dö Federn. I komm a glei nach." Kaum hatte Anna zu Ende geredet, krachte ein Schuss. Die Scheibe im Stubenfenster zerbarst, Sebastian stieß einen Schrei aus. Eine Kugel hatte ihm das Handgelenk durchschlagen, war durch den Backenknochen hindurch in die linke Kopfseite und dort wieder ausgetreten. Blut floss aus der Hand, der Backe und dem Kopf. Ehe der Bewusstlose zusammenbrach, hörte er einen zweiten Schuss. Dieser traf Anna in den Bauch. Sie schleppte sich bis vor die Türe zur Schlafkammer, stürzte und verlor die Besinnung. Eine Blutlache breitete sich um sie herum aus.

Als Sebastian wieder zu sich kam und die Frau in ihrem Blut liegen sah, flehte er: „Halt durch, Nandl, ich hol a Huif." Trotz starker Schmerzen schleppte er sich die Treppe zum Dachboden hoch, weckte den elfjährigen Maxl und den neun Jahre alten Jakob und versuchte, sie zum Bauern Maier nach Straß um Hilfe zu schicken. Dazu kam es jedoch nicht mehr.

Von der Hausfletz her kamen Geräusche und ein Laternenlicht schimmerte. Jemand stieß an die Treppe. In der Meinung, Anna sei zu Bewusstsein gekommen und suche ihn, rief Sebastian: „Bist du's,

Nandl? Lass dir Zeit, übernimm dich nöd." Ein Mann kam die Stiege hoch, unter seinen Schritten knarzten die Stufenbretter. Als er, in einer Hand die brennende Stall-Laterne und in der anderen einen Revolver, vor Grünwiedl stand, raunzte er sofort: „'s Geld her oder du stirbst! Wo hast du's und wie viel ist's? Raus damit oder mia derschiaßn dich." Er sprach im Plural, täuschte vor, eine zweite Person wäre noch unten in der Fletz. Mit der Waffe fuchtelte er, weitere Drohungen ausstoßend, vor Sebastians Gesicht herum. Aus Angst, der Unhold würde nochmals schießen, verriet er ihm: „'s Geld is unter meim Strohsack vom Bett in der Kammer unten. 's wern a circa tausend Mark sei." Der Fremde trieb Sebastian und die beiden Buben vor sich her hinunter in die Stube. Als er die schwer verletzte Frau vor der Kammertüre liegen sah und diese durch Wimmern noch Zeichen von Leben gab, sagte der Mann: „Is ebba no nöd hin? Dös wern ma gleich habn." Er schlug der Anna mit dem Revolverschaft brutal auf den Kopf, setzte den Revolverlauf gegen die Stirn und drückte ab. Annas qualvolles Sterben war beendet. Danach holte er das Geld aus dem Strohsack und drohte den Kindern, sie zu erschießen, wenn sie nicht sogleich zurück ins Bett verschwänden. Wiederum Sebastian vor sich herschiebend, trat der Mordbube in den Hausgang und von dort durch die Türe ins Freie. „Schau hin, gleich wird's hell werden", sagte er zu Grünwiedl, schoss ihm noch eine Kugel in den Oberschenkel, lief hinüber zum Stadel und machte sich daran, ihn anzuzünden. Im Nu standen Stadel und Holzschupfen in Flammen. Das Feuer breitete sich schnell aus und griff auf den Stall und das Haus über.

Die sechs Kinder im Alter zwischen elf und fünf Jahren handelten nun blitzgescheit. Sie schleppten ihre tote 39-jährige Mutter aus dem Haus und den bewusstlosen, 43 Jahre alten Vater weg vom brennenden Gebäude. Dann ketteten sie das Vieh im Stall los und trieben es hinaus. Auch das Kleingetier wollten sie noch retten, kamen wegen der Hitze-entwicklung durch das Feuer aber nicht mehr an ihre Gelege heran. Die Tiere verbrannten, ebenso wie die Hofhunde in ihrer Hütte im Holzschupfen. Aus dem Haus holten sie, obwohl der Dachstuhl bereits brannte, einiges Mobiliar und Kleidungsstücke, soweit es ihre Kräfte zuließen. Ihr tapferes und umsichtiges Verhalten wurde in der späteren

Gerichtsverhandlung vom erkennenden Gericht besonders lobend erwähnt.

Die hoch hinausschlagenden Flammen des brennenden Anwesens waren weithin sichtbar. Wehrmänner der Ortsfeuerwehren von Großgundertshausen und Hebrontshausen, die an die Brandstelle gekommen waren, hatten nichts mehr retten können. Selbst das Wohnhaus brannte bis auf die Umfassungsmauern nieder.

Feuerwehrmänner brachten den schwer verletzten Sebastian Grünwiedl, der besinnungslos neben seiner toten Frau lag, ins Krankenhaus nach Mainburg. Um die Kinder der beiden kümmerte sich die Gemeindebehörde.

Sebastian lebte noch, als er in das Krankenhaus eingeliefert wurde. Aber trotz intensiver ärztlicher Versorgung erlag er am 19. März 1921 seinen schweren Schussverletzungen, die ihm am Abend des 10. März von einem bis dahin noch unbekannten Täter beigebracht worden waren. Vor seinem Ableben hatte Grünwiedl noch einige lichte Momente, in denen die Gendarmerie versuchte, ihn nach Einzelheiten zu fragen. Seine Angaben waren indes verworren und im Widerspruch zu denen seiner älteren Kinder. Zur Täterermittlung konnte er nichts mehr beitragen.

Fieberhafte Ermittlungen

Die Ermittlungen von Gendarmerie und Staatsanwaltschaft setzten ein. Sie gestalteten sich äußerst schwierig, weil der Täter am Tatort keine verwertbaren Spuren hinterlassen hatte. Die Recherchen erstreckten sich fortan auf Personen, die nach Landstreicherart umherzogen, sowie auf polizeibekannte Kleinganoven, bei denen andauernd Ebbe im Geldbeutel herrschte. Einigen von ihnen waren neben Diebstählen und Zechprellereien auch andere Schurkereien zuzutrauen – selbst eine Gewalttat –, um zu Geld zu kommen.

Im Falle des Doppelmordes an den Eheleuten Grünwiedl mit nachfolgendem Raub und einer Menschen gefährdenden Brandstiftung hatte die Staatsanwaltschaft für die Mitarbeit zur Täterergreifung eine beachtliche Belohnung ausgesetzt. Diese bewirkte, dass sich viele aus

Das Grünwiedl-Anwesen in Straßhäusl nach der Brandstiftung
am 10. März 1921. Staatsarchiv Landshut.

der Bevölkerung als Detektive versuchten. Bei der Gendarmerie gingen zahlreiche Hinweise auf verdächtige Personen ein. Der größte Teil davon konnte jedoch vom Schreibtisch aus ad acta gelegt werden, weil es für eine Täterschaft keine Anhaltspunkte gab. Gegen zwei junge Burschen, 24 und 22 Jahre alt, die als „Schaukelburschen" im Schaustellergewerbe auf Kirchweihfesten und Jahrmärkten arbeiteten, lief eine dringliche Fahndung. Nach Ausmittlung ihres Aufenthaltes erledigte sich der Tatverdacht durch handfeste Alibis von glaubwürdigen Zeugen, die ständig mit den Verdächtigten zusammen reisten.

Weiter in dringlichen Tatverdacht geraten waren vier Männer, deren Unschuld sich schnell herausstellte. Sie waren erzürnt und betroffen darüber, dass ihre Ehre in den Schmutz gezogen worden war. Im „Hollertauer Berichterstatter" gaben sie nachstehende Anzeige auf:

Öffentliche Danksagung.

„Allen denjenigen Personen, welche unsere Ehre als Raubmörder und Brandstifter in so liebenswürdiger Weise zu beschmutzen suchten, sodaß unsere zwecklose Verhaftung erfolgte, sagen wir unseren vorläufigen Dank. Besonderen Dank sei den niederträchtigen Personen ausgesprochen, welche bemüht waren, die Gendarmerie mit einem Brief zu belästigen. Bei Bekanntwerden der liebenswürdigen Herrschaften werden wir bemüht sein, unseren Dank noch persönlich zum Ausdruck zu bringen und zwar auf eine Weise, welche gewiß an Deutlichkeit nichts zu wünschen übrig laßen wird. Wenn von uns auch einige als Wildschützen bekannt sind, ist uns eine solch ruchlose Tat doch nicht zuzutrauen.

Mit vorläufiger Hochachtung!

Cichori Wastl, Vitus Gschlößl

Martin Hadersberger, Sebastian Wagner

Das Amtsgericht Mainburg schickte eine Kopie der Ausgabe vom 18. März 1921 am darauf folgenden 19. März an die Staatsanwaltschaft in Landshut als Vormerkung mit dem Text:

Zur Sache: Raubmord an den Eheleuten Grünwiedl in Straßhäusl

Mainburg, 19. März 1921
Vormerkung

1. Vorstehende Zeitungsnotiz war in dem am 18. März 1921 in Mainburg ausgegebenen „Hollerdauer Berichterstatter" Nr. 33 enthalten und wird zu den Akten genommen.

2. Nach heute vormittags 10 Uhr eingegangener Mitteilung der Krankenhausverwaltung Mainburg ist Josef Grünwiedl im Krankenhaus dahier verstorben, heute vorm. um 10 Uhr herum.

3. Die Staatsanwaltschaft am Landgericht Landshut wurde vom Ableben des Grünwiedl durch Ferngespräch verständigt. Sie ordnete gerichtliche Leichenöffnung an.

Im Einverständnisse mit Herrn Landgerichtsarzt Dr. Steidle wird die Leichenöffnung auf Sonntag, 20. März 21 vorm. 9 Uhr festgesetzt, wie die Staatsanwaltschaft anher mitteilte.

Amtsgericht Mainburg
Härtl

[Anm. des Verf.: Der in Ziffer 2 angegebene Vorname „Josef" ist unrichtig. Grünwiedl hieß amtlich festgestellt mit Vornamen „Sebastian"].

Der Mörder und Brandstifter Florian Huber. Staatsarchiv Landshut.

Die Staatsanwaltschaft Landshut, die zuständige Verfolgungsbehörde für das grauenvolle Verbrechen, erkannte, dass die Ermittlungen überörtlich ausgedehnt und bei der Polizei zentral geführt werden müssten. Dafür kamen nur Experten der damaligen Polizeidirektion München in Frage. Auf staatsanwaltschaftliche Anforderung übernahmen zwei Kriminalbeamte dieser Dienststelle federführend die Aufklärung des Falles – und ihnen gelang es, den Täter dingfest zu machen.

Eine Spur zeichnet sich ab

Aus der Vielzahl eingegangener Hinweise zeichnete sich eine Erfolg versprechende Spur nach einem 31-jährigen Taglöhner aus Mainburg ab. Dieser war als Dieb und Zechpreller mehrfach vorbestraft und als gewalttätig gefürchtet, seit einiger Zeit aber wie vom Erdboden verschluckt. Niemand, selbst die engsten Familienangehörigen wussten nicht, wo er sich herumtrieb. Erst im Dezember 1921 spürten ihn die Kriminalkommissäre in der Strafanstalt Laufen auf, wo er wegen Diebstahl und Zechprellerei seit kurzem einsaß. Ludwig Lindermeier, dem die Beamten auf den Kopf zusagten, Täter in der Mordsache Grünwiedl zu sein, schrie die Vernehmungsbeamten erbost an: „Is bei eich jeder glei a Mörder, wenn er a paarmoi eigsperrt war? Weil er d'Zech prellt oder irgendwo was mitgeh hod lassn? I bin no lang koa Mörder, Räuber

51

oder Brandstifter!" Den Blick auf den Boden gerichtet, quakelte er vor sich hin: „Dös is a bodenlose Gemeinheit, dass ma mia dö Sauerei odicht. Da gibt's andre, die so was machatn." Schon lange deuchte es ihm, dass sein Zellennachbar Huber etwas mit der Sache in Straßhäusl zu tun haben könnte. Immer öfter kam er auf die Mordtat zu sprechen und manchmal glaubte Lindermeier, Florian Huber rede sogar im Traum davon. Die Kriminalbeamten blickten sich viel versprechend an und tasteten sich langsam und vorsichtig heran: „Moana Sie a ganz bestimmte Person?" Taglöhner Lindermeier schwieg. Die Beamten ließen ihn gewähren. Bisweilen war es klüger und von Vorteil gewesen, einen Verdächtigen nicht vorschnell in eine Ecke zu drängen, in die er letztendlich nicht gehörte. Schweigsam sein bedeutete, Zeit und Gelegenheit zu finden, sich zu sammeln, die Gedanken zu ordnen und dann den Mut aufzubringen, das Gewissen zu erleichtern. Wer nicht ganz hartgesotten war, begann von selber zu singen wie ein „Zeiserl".

Ein merklicher Ruck ging durch Lindermeier. Freimütig äußerte er sich: „I wui nix gsagt hom. Aba i kenn oan, der moane is nöd ganz sauber ö dera Gschicht. Mei Zellengenosse, da Huaba Flori, der vazoit ma gar z'oft vo der Straßhäusl-Schandtat. I kenn den Flori scho lang, mir san scho a etla moi mitnander gsessn. Mit seim Hausierergschäftl war no nia vui ganga, meistens is a stier gwesn und hod si dann a wengerl was gstoin, wos ma hoit braucht zon Lebn. Er sitzt grad, weil a seim Vata a Goid weggnomma hod und der hodn ozoagt. Z'Traunstein hams'n gschnappt ön September und oa Jahr und vier Monat muassa brumma. I woaß, er is zu der Zeit, wo dös z'Straßhäusl gschehng is, ö dera Gegend hausiern ganga. Dös hod er mia soim vazoit." In einer kleinen Pause erzählte er weiter, Huber habe ihm beim letztjährigen Knastaufenthalt in schlaflosen Nächten offenbart, wenn es ihm einmal dreckig gehen sollte, er würde sich schon zu helfen wissen. Mit einem Revolver ließe sich einiges ausrichten und er besitze seit längerer Zeit einen. „No was möcht ich sagn. Die letztn Monat is da Flori vui herumstrolcht. Da hod er doch a Goid braucht, oda?"

Die Kriminalbeamten reagierten verdutzt. Handlungsbedarf war gegeben. Sie ließen Lindermeier in die Zelle zurückbringen und Huber holen. Huber setzte sich auf einen Stuhl, den Beamten gegenüber. „Wo brennts?", flachste er. Keinerlei Auffälligkeiten waren erkennbar, weder Nervosität noch sonst eine außergewöhnliche Reaktion. Ruhig und erwartungsvoll blickte er seine Widersacher an. Eher war ihm zum Scherzen zumute, charakterisierten ihn die Beamten später. „Wos brennt? Sie moana, wos brennt hod." Scharf fixierten sie den Mann und gingen gleich aufs Ganze. „Wie war das in Straßhäusl? Erzähns uns, wie Sie's gmacht ham." Auf diese Direktheit war Huber offensichtlich nicht vorbereitet. Er begann zu stottern, als er fragte: „Wos soll i gmacht hom?" Hart gingen die Kriminalisten mit ihm ins Verhör. „Für Sie ists am besten, freiweg zu gestehen, die Eheleute Grünwiedl erschossen, beraubt und dann das Anwesen angezündet zu haben. Wir wissen, dass Sie's gewesen sind." Die beiden Kriminalkommissäre bemühten sich mit einem Male, möglichst nicht mehr Dialekt zu reden. Huber klappte zusammen, sein Geständnis sprudelte wie Wasser aus ihm heraus. „Ja, i bins gwesen. I hab die zwoa Leit umbracht, hab 's Goid, tausend Markl warns, weggnomma und dann an Stadl anzünd." Ohne jede Gefühlsregung war er in den Vernehmungsraum gekommen, nun aber stand ihm der Schweiß auf der Stirn. Angstschweiß! Ihm war offenbar klar geworden, dass er auch sein Leben verwirkt hatte. Und nun versuchte er, seinen Knastkumpel mit in den Schlamassel hineinzuziehen, denn er sagte: „I warat auf die Idee gar nöd kemma, wenn nöd da Lindermeier mi dazua ogstift und nachat a no mitgmacht hätt. Er hod valangt, dass i schiaßn sollat." Danach befragt, welches Motiv er denn hatte, die Leute zu töten, nannte der am 26. August 1894 in Bad Tölz geborene Hausierer Florian Huber seine permanente Geldmisere. Ständig habe der Pleitegeier über ihm gekreist.

Wie es zu der Tat kam

Ende Februar 1921 war Huber wieder total blank. „Nicht ein einziger Nickelpfennig wär aus den Taschen gfalln, hätt ma mi aufn Kopf gstoit", meinte er lakonisch. Als Gewerbetreibender im Umherziehen tätig gewesen, zahlte er die Warenlieferanten nur zögerlich, sie stundeten ihm deshalb nichts mehr und ehe er sich versah, stand er mit leeren Händen da. „Ein Pack Mahnbescheide und gerichtliche Zahlungsaufforderungen ham mi in die Enge triebn. Erzwingungshaft hams ma androht, ins

Gfängnis hab i nimmer wolln. Wia i 's Blattl a dreht und gwendet hob, es hod nur oa Möglichkeit gebn, Ordnung in meine Finanzn zu kriang: I hob Goid anschaffa müassn. Egal wia."

Florian Huber legte nunmehr einen besonderen Eifer an den Tag, seine Tatversion glaubhaft zu machen. Er fuhr in seiner Beichte fort: „Z'Landshut san da Lindermeier und i uns in ana Gastwirtschaft begegnet. Er is blank gwesen und i a. Da hama beschlossn, mia wern gemeinsam irgendwo eibrecha und Goid stehln oder jemand übafoin und ausraubn. Fürs Eibrecha hama uns entschieden." Hier unterbrachen ihn die Vernehmungsbeamten. „Huber, machen Sie uns nichts vor. Lindermeier hat mit der Sache nichts zu tun. Sie ganz allein waren in Straßhäusl." „Stimmt nöd", begehrte Huber auf. „Da Lindermeier Luggi hod mitgmacht, i schwörs." Erst als dieser ihm gegenübergestellt wurde, zog er seine aufgestellte Behauptung zurück und sagte: „Is eh scho wurscht. Oiso sag i's, wias war."

In der Nacht vom 9. auf 10. März 1921 erlaubte ein Bekannter von Huber ihm, in seinem Haus in Altdorf zu nächtigen. Am Vormittag des 10. März verließ er den Ort in Richtung Mainburg, fortwährend nach einem günstigen Einbruchsobjekt Ausschau haltend. Nieselregen setzte ein. Es wurde unangenehm kühl, Huber begann zu frösteln. Zu diesem Zeitpunkt befand er sich auf der Straße von Moosburg nach Mainburg in der Nähe von Straß, etwa zwei Gehstunden von Altdorf entfernt. Es war Zufall gewesen, dass er etwa 800 Meter abseits der Straße in einer Talmulde das Anwesen der Eheleute Grünwiedl ausmachte. Die Örtlichkeit schien ihm für sein Vorhaben wie geschaffen. Er ging darauf zu. „Die Hofhunde witterten mich, fingen an zu kläffen", berichtete er. Ein Mann trat aus dem Haus und rief: „Ist da jemand?", lief auf die Hunde zu und beruhigte sie. Danach rannte er wegen des mittlerweile starken Regens ins Haus zurück. „Ich musste die beiden Köter erledigen, bevor sie mich tatsächlich verraten konnten. Mit einer vom Gartenzaun weggerissenen, ziemlich dicken Holzlatte drosch ich solange auf die Hunde ein, bis sie keinen Laut mehr von sich gaben. Ob sie getötet waren, vermag ich nicht sicher zu sagen. Ich konnte nicht anders handeln", klang es fast wie eine Entschuldigung.

Florian Huber schlich sich an das Haus bis in die Nähe des Stubenfensters heran und sah drinnen am Tisch einen Mann sitzen. Es war

Sebastian Grünwiedl. Ihn musste er ausschalten, um ungehindert ins Haus zu kommen. So zog er aus der Joppentasche einen sechsschüssigen Revolver und gab durch das Fenster in rascher Folge die Schüsse auf das Ehepaar ab.

Sebastian Grünwiedl, von einer Kugel getroffen, kippte nach vorne weg. Huber wartete eine Zeit lang, dann betrat er durch die nicht abgesperrte Haustüre die Hausfletz und schritt zur weiteren schrecklichen Tat. Die noch lebende, aber schwer verletzte Frau tötete er mit einem gezielten Schuss in die Stirn, er raubte das Geld, verletzte Grünwiedl erneut durch einen Schuss in den Oberschenkel und legte dann das Feuer.

Huber ging noch in der Tatnacht nach Landshut und übernachtete dort im Münsterbräu. Anderntags fuhr er mit der Bahn zuerst nach Rosenheim und dann weiter nach Reichenhall und Berchtesgaden, wo er das gesamte geraubte Geld verlebte. Als er wieder ohne Barschaft war, bettelte er sich nach Bad Tölz durch und versuchte, bei seinem Vater unterzukommen. Dieser jagte ihn aber aus dem Haus, nachdem er feststellen musste, dass der missratene Sohn unter Fälschung der Unterschrift des Vaters auf einer Postanweisung 100 Mark entgegennahm und obendrein eine nicht unbeträchtliche Geldsumme entwendet hatte. Der Vater zeigte ihn an, Huber wurde im September 1921 in Traunstein festgenommen und im Oktober zur Verbüßung einer vom Landgericht Traunstein verhängten Gefängnisstrafe von einem Jahr und vier Monaten in die Strafanstalt Laufen überstellt.

Mit dem Geständnis Hubers konnten über den Doppelmord und die Brandstiftung in Straßhäusl die Ermittlungsakten geschlossen werden. Das Volksgericht beim Landgericht Landshut verurteilte Florian Huber – geboren am 26. August 1894 in Bad Tölz, verwitweter Hausierer und in Strafhaft – wegen zweier Verbrechen des Mordes in Tateinheit mit einem Verbrechen des schweren Raubes zur Todesstrafe sowie wegen eines Verbrechens der Brandstiftung zu zehn Jahren Zuchthaus.

Das Urteil vom 26. Januar 1922 erlangte Rechtskraft, nachdem der Ministerrat des Freistaates Bayern keine Gnade gewährt hatte. Ein Erschießungskommando der Bayerischen Landespolizei vollstreckte das Todesurteil am 8. Februar 1922 im Hof des Landgerichtsgefängnisses in Landshut.

Das blutige Ende einer Knastfreundschaft

Bezirksamt Kemnath/Opf.

Auf der schiefen Bahn

Im Juli 1922 und drei Wochen im folgenden August verbüßte der 19-jährige landwirtschaftliche Arbeiter Peter Michl aus Dreihäuser, Gemeinde Dechantsees, im Amtsgerichtsgefängnis Kemnath eine Gefängnisstrafe wegen Diebstahls. Er hatte in einem Krämerladen eine Schachtel Zigaretten entwendet und war dabei erwischt worden.

Peter Michl war als Kind in einem moralisch ungeordneten Elternhaus aufgewachsen, geriet schon frühzeitig auf die schiefe Bahn und wurde straffällig. Bereits in der Schule zeichnete sich in einer Vielzahl von Kinder- und Jugendstreichen ab, dass er ohne Rücksicht auf seine Mitschüler darauf bedacht war, selbst heil aus jedem Schlamassel herauszukommen. Er schien seine Umwelt zu verabscheuen, log, dass sich, im sprichwörtlichen Sinne, die Balken bogen, und stahl daheim und anderswo alles, was er für stehlenswert hielt. Keine Züchtigung, war sie noch so hart und einschneidend, vermochte es, ihn anzuhalten, den Weg der Tugend und der Ehrbarkeit zu gehen. Der Vater erzürnte sich über das aufsässige Kind, die Mutter hingegen übte bei Verfehlungen übergroße Nachsicht und versuchte, ihm aus allen schwierigen Lagen herauszuhelfen. Dies führte bei ihm zu einer allgemeinen sittlichen Verrohung und Stumpfsinnigkeit, die später in ausgeprägter Form zu Tage traten.

Michl hatte kein Interesse, einen Beruf zu erlernen. Er verdingte sich stattdessen nach der Schulzeit als landwirtschaftlicher Arbeiter, wurde von den verschiedenen Arbeitgebern aber schnell wieder vom Hof gejagt, da er sie bestahl. Die erste Gefängnisstrafe wegen Diebstahls verbüßte er im Alter von 16 Jahren, weitere folgten in regelmäßigen Abständen. Die folgenden drei Lebensjahre verbrachte er mehr im Knast als in der Freiheit.

Im Kemnather Gefängnis freundete er sich mit seinem Zellengenossen an, dem verwitweten Tagelöhner Heinrich Hösl aus Kaibitz. Dieser notorische Dieb und Betrüger, dessen Lebensalter im Volksgerichtsurteil nicht vermerkt ist, trug Michl für die Zeit nach ihrer Entlassung an, gemeinsam Straftaten zu begehen. „Du waratst da geeignete und richtige Partner für mi", meinte Hösl zu Michl. „Mächatst bei mia wohna? Nachat kanntn mia zammaarbatn. Mia weratn a guats Gspann." Michl überlegte nicht lange. „Hob nix dagegn. Aba nur unter der Bedingung, mia macha halbe halbe." Als Hösl einige Tage vor Michl entlassen wurde, besiegelten sie die Abmachung mit Handschlag. „Oiso, 's bleibt dabei. Znachst bei mir z'Kaibitz. I freimi, wanst kimmst." „Koa Sorg", meinte Michl, „wos ma an Kumpl vaspricht, wird ghoitn."

Am 22. August 1922 bekam Peter Michl seinen Entlassungsschein und die als Asservate hinterlegte persönliche Habe ausgehändigt. Bei der Übergabe des Pappkartons mit den Habseligkeiten flachste der Justizbeamte: „Ois guate. Hoffentlich seng ma uns da herin nimma." Michl grinste ihn an und sagte scheinbar witzig gemeint: „I hoffs a. Wenns aba do nomoi da Foi sei soitat, nachand nur, wenns mi daschiaßn." Kaum drei Monate später geschah, was Michl orakelt hatte. Dem Beamten jagte es einen kalten Schauer über den Rücken, als er davon erfuhr.

Eine Gaunerfreundschaft

Peter Michl begab sich nach seiner Entlassung aus dem Kemnather Gefängnis heim zu seinen Angehörigen nach Dreihäuser. Er war nicht willkommen. Bruder und Schwester sagten ihm dies sehr deutlich. Um ihn jedoch nicht gleich wieder der Straße zu überlassen, gewährten sie ihm drei Tage Bleiberecht bei freier Kost und Logis. Danach schenkten sie ihm gemeinsam einen Geldbetrag von 140 Mark und der Bruder legte eine fast neuwertige Feiertagshose dazu. Statt sich mit einem „Vergelts Gott" zu bedanken, beschimpfte er die Geschwister als Knauser und schrullige Bauerntrampeln, denen man das Haus anzünden sollte. In Unfrieden verließ er am 25. August 1925 das Haus des Bruders, nicht ohne einen Rucksack, ein Hemd, weitere zwei Hosen, drei Paar Socken und ein altes, rundes Brotmesser heimlich eingesackt zu haben. Am frühen Morgen fuhr er mit der Bahn von Neusorg nach Immenreuth und von da mit dem Postauto nach Kemnath. Zu Fuß ging er weiter nach Kaibitz, wo er am späten Vormittag bei Hösl ankam und mit offenen Armen aufgenommen wurde. Die nächsten Stunden hielt er sich ausschließlich in Hösls Behausung auf. Michl, ein starker Raucher, wollte sich aus dem Ort Zigaretten holen. Hösl riet ihm davon ab und besorgte diese lieber selbst. „'s is bessa, i geh sie holn. 's braucht neamand z'wissn, dass i an Bsuach hob. D'Leit kanntn Vadacht schöpfa, dass mia zwoa wos vorham. Du woaßt ja, wia bös d'Menschen san und mi mögns sowieso oisamt nöd, dö Spießa."

Hösl holte zweimal am Nachmittag Zigaretten, wobei ihm Michl einmal 50 Mark, das andere Mal 20 Mark mitgab. Die jeweiligen Wechselgelder behielt Hösl für sich. Darüber gerieten sich beide in die Wolle. „Wos iss'n mit dem restlichen Goid?", wollte Michl wissen. „Dös kriagst scho. I hob a wos für mi kauft und bin grad nöd flüssi. Wart bis moang, nachand hob i wieda gnua Zaster." „Is guat", sagte Michl, „aba denk dro, wennst wuist, dass ma Freind bleibn, muasst ehrlich sei zu mia. Bscheißn lass i mi nöd. Wosd bei andere machst, is mir egal." Mit deutlichen Worten hatte er dem Kumpel klar gemacht, dass er sich nicht betrügen lasse.

Während der zweimaligen Abwesenheit des Hösl sah sich Michl im Haus näher um. Hösl hatte seine Bettstatt auf der linken Seite hinter der Stubentür aufgestellt, neben der Wohnstube war eine Nebenkammer und auf den Dachboden hinauf führte eine siebenstufige Holztreppe. Von der Hausfletz aus ging es in den Viehstall und von dort durch einen Bretterverschlag hinein in den Holzschupfen, an dem draußen vorbei ein Bach floss. An einer Wandseite im Schupfen hing ein Hackbeil, das seine Aufmerksamkeit im besonderen Maße fand. ‚Wenn ma do oan mit da Breitseitn oane aufhaut, dem mags woi an Schädl zreißn', sinnierte er.

In der Abstellkammer, die nur durch eine Tür von der Wohnstube aus betretbar war, sah Michl ein Paar Schnürschuhe, ein Paar lange Stiefel, ein Paar Filzpantoffeln, eine Unterhose und ein Hemd auf dem Boden liegen. Daneben stand ein Karton, der sich zum Verstauen der Sachen bestens eignete. Die Schnürschuhe und Stiefel wollte Michl zu gerne besitzen. Selber trug er abgelatschte und gelöcherte Halbschuhe, die längst ausgemustert gehörten. Michl beschloss, Hösl diese Sachen wegzunehmen.

Hösl hatte seinem Gast als Schlafstelle ein Bett auf dem Dachboden zugewiesen. Bis zu dessen Ankunft bewohnte Hösl das Haus allein. Seine beiden Söhne waren nach dem Tod der Mutter nach auswärts verzogen. Dem ungeliebten Vater teilten sie ihr neues Domizil nicht mit. Wegen seiner kriminellen Machenschaften hatten sie sich von ihm losgesagt.

Gegen 21 Uhr am Abend des 25. August 1922 legten sich Hösl und Michl aufs Ohr. Hösl ging in sein Bett, Michl machte es sich – auf seinen eigenen Wunsch hin – vorerst auf der Stubenbank beim Kachelofen so bequem wie möglich. „A Mützn voi Schlaf, nachand könna mas ogehn. Heit holn ma uns Gurka z'Höflas dreantn. I brauch nämli an Wintervorrat", klärte Hösl den Kumpanen auf. „Da muass ma dazua toan, dass ma sei Sach zurabringt. So umara Zehne umanand gengama los. Da is scho finster gnua, dass uns neamands mehr sehgt."

Inzwischen hatte es angefangen, in Strömen zu regnen. Auf der gesamten Wegstrecke schwappten Michls Füße in seinen zerrissenen Schuhen, durchweicht und vollgesaugt mit Regenwasser. Dieses bereitete ihm großes Ungemach und bestärkte ihn erst recht in der Absicht, Hösls Stiefel an sich zu bringen. Während der gesamten Diebestour überlegte er fieberhaft, wie er es anstellen könne, Hösl zu bestehlen, ohne dass dieser ihn verdächtige. Er war davon überzeugt, Hösl würde ihm die Schurkerei nicht nachsehen und ihn anzeigen. Eingesperrt wollte er jedoch nicht schon wieder werden. Wie er das Blatt auch wenden mochte, der Durchführung seines Vorhabens stand Hösl als Hindernis entgegen. Dieses galt es zu beseitigen. ‚Der muass vaschwindn. Den bring i um.' Erst einmal dazu entschlossen, zielten alle weiteren Überlegungen und Handlungen einzig und allein darauf ab, Hösl zu töten und mit ihm den alleinigen Tatzeugen auszuschalten.

Die beiden kamen mit einer ansehnlichen Diebesbeute zurück und Hösl bereitete mit den entwendeten Gurken und Kartoffeln ein kleines Nachtmahl zu. Zum Kartoffelschälen verwendete er ein mit einem Hirschhorngriff versehenes Messer, das er nach der Benutzung auf der Ofenbank ablegte. Gegen 1.30 Uhr nachts gingen beide schlafen. Als Michl die Treppe zum Dachboden hochstieg, fiel ihm auf, dass die hölzernen Treppenstufen nicht knarzten und geräuscharm zu begehen waren. Auch die Stubentür ließ sich geräuschlos öffnen und so fasste er den Plan, Hösl im Schlaf zu überfallen, ihn umzubringen und dann zu berauben.

Michl hatte vor sich hingedöst und war um 4 Uhr früh vom Dachboden auf leisen Sohlen nach unten in die Wohnstube geschlichen. Unbemerkt trat er an Hösls Bett heran, stieß leichtsinnigerweise aber gegen das Bettgestell. Hösl erwachte und fragte: „Wos is los? Warum bist'n nöd im Bett?" Michl umfasste mit seinen kräftigen Händen Hösls Hals und drückte zu. Hösl stemmte sich heftig dagegen und konnte verhindern, dass ihm die Luft abgewürgt wurde. In diesem lautlosen Kampf gelang es ihm schließlich, sich von Michl zu lösen und aus dem Bett zu springen. Er griff sich das Messer von der Ofenbank und floh hinaus durch den Stall in den Holzschupfen. Michl hinter ihm her, bekam das Hackbeil zu fassen, riss es von der Bretterwand und schlug Hösl mit der Breitseite auf den Kopf. Dieser taumelte, der Schlag hatte aber nicht genügend Wucht, ihn umzuwerfen. Er drehte sich um, wollte mit dem Messer auf Michl einstechen. Michl, dem Hösl kräftemäßig und an Körpergröße überlegen, gelang es jedoch, ihm das Messer zu entwinden und an sich zu reißen. Wütend stach er auf sein Opfer ein, das gellend um Hilfe schrie. Michl drängte Hösl aus dem Schupfen, hin zu dem am Haus vorbeifließenden Bach und stieß den stark Blutenden ins Wasser. Dabei fiel ihm das Messer aus der Hand; es wurde später von einem Gendarmen aus dem Bachgrund heraufgeholt. Michl ließ sein Opfer im Bach liegen und meinte, dieser werde „ersaufen" und davongeschwemmt werden. Schließlich ging er ins Haus zurück und packte seelenruhig die von ihm begehrten Sachen in den Pappkarton. Plötzlich tauchte der verletzte und geschwächte Hösl wieder auf, bettelte um sein Leben. Da holte Michl aus dem Holzschupfen das Beil und drosch zweimal mit aller Kraft auf Hösls Kopf, dem es diesmal schon mit dem ersten Schlag den Boden unter den Füßen wegzog. Während des Falles traf ihn dann der zweite Schlag. Von Hösl war nur noch lautes Röcheln zu vernehmen. Michl zerrte ihn an den Füßen in den Keller und verschloss die Tür. Niemand sollte den Toten in der nächsten Zeit auffinden.

Michl nahm neben den bereits im Karton verstauten Sachen aus der Nebenkammer von Hösl weiter mit: zwei Hemden, eine Joppe, die Geldbörse mit einem Inhalt von 130 Mark Papiergeld und 5 Pfennigmünzen. Danach verließ er das Haus, wechselte in einem Wald bei Kaibitz Kleidungsstücke und Schuhe und ließ alles, was er nicht brauchen konnte, auf dem Waldboden liegen.

Eine Frau aus der Nachbarschaft aber hatte Hösls Schreie gehört, war ans Fenster ihres Schlafzimmers geeilt und sah, wie der Verletzte langsam und taumelnd, nur mit Unterhose und Hemd bekleidet, vom Bach her an ihrem Haus vorbei auf die Dorfstraße und dann zu seinem Anwesen ging. Dort entschwand er ihren Blicken.

Die Zeugin Biersack rief die Gendarmerie. Beamte entdeckten Hösls Leichnam früh um 7 Uhr am 26. August 1922. Die von der unterrichteten Staatsanwaltschaft veranlasste Obduktion hatte zum Ergebnis: absolut todbringend die beiden letzten Schläge jeder für sich allein, eine große Anzahl von Sprüngen in der Schädeldecke, diese an der linken Seite oberhalb des Auges in Dreiecksform eingeschlagen, Verletzungen des Gehirns durch eingedrungene Schädelsplitter. Alle anderen Verletzungen hätten nicht zum Tod geführt. Es handelte sich um einen Mord in Raten.

Der Tatverdacht richtete sich sofort gegen Michl, nachdem festgestellt worden war, dass beide zusammen im Gefängnis eine Zelle geteilt hatten und fast zur gleichen Zeit entlassen worden waren. Ihre Knastfreundschaft war ein weiteres Indiz für eine Täterschaft. Michl wurde festgenommen und legte nach Vorliegen beweiserheblicher Erkenntnisse ein Geständnis ab.

Peter Michl, geboren am 3. März 1903 in Dreihäuser, Gemeinde Dechantsees, lediger landwirtschaftlicher Arbeiter, wurde am 3. November 1922 vom Volksgericht beim Landgericht in Weiden wegen eines Verbrechens des Mordes, in Tateinheit begangen mit einem Verbrechen des Raubes, zum Tode und zur Aberkennung der bürgerlichen Ehrenrechte auf Lebenszeit verurteilt. Ein an den Ministerrat des Freistaates Bayern gerichtetes Gnadengesuch wurde abgelehnt, das Urteil war damit rechtskräftig.

Todesurteile der Volksgerichte wurden ausnahmslos durch Erschießen vollstreckt. Michl starb am 30. November 1922, um 7.30 Uhr im Hofe des Landgerichtsgefängnisses Weiden in der Oberpfalz unter den Kugeln eines Erschießungskommandos der Bayerischen Landespolizei.

Ein tödlicher Erbschaftsstreit

Bezirksamt Eggenfelden

Vater Moosburger wird vermisst

Am Nachmittag des 22. Februar 1923 saß in der Amtsstube der Gendarmeriestation Pilsting dem Gendarmerie-Sicherheitskommissär Johann Meixelsperger ein junger Bursche gegenüber, drehte nervös seinen Hut zwischen den Händen und wusste nicht recht, wie er sein Anliegen vorbringen sollte. Kommissär Meixelsperger ermunterte ihn mit den Worten: „Na, Sepp, wo brennt's? Was ist gschehn?"

Erst zaghaft, sich dann aber fast mit der Stimme überschlagend, erzählte der 20-jährige Landwirtssohn Josef Moosburger aus Schönthal:

„Gestern, am 21. Februar 1923, am Nachmittag, haben Vater, ich und mein Stiefbruder Georg Reschmeier, wir sagen Schorsch zu ihm, Holz gefahren. Zwischen Vater und Georg bestand lange Zeit schon eine große Zwietracht, fast kann man sagen ein familiärer Kriegszustand. Dauernd lagen sie sich in der Wolle wegen der Anwesenübergabe. Georg drängte unaufhörlich darauf, Vater sollte endlich seine Zusage wahr machen, er werde ihm das Anwesen überschreiben, sobald er heiratet. Vater aber war auf diesem Ohr taub und sagte stets, er habe eine solche Zusage niemals gegeben.

Gestern kam es draußen im Wald wieder zum Zusammenstoß. Ernsthaft und mit deutlicher Entschlossenheit forderte Georg Vater erneut auf, mit ihm zum Notar zu gehen. ‚Es is so weit. Ich möcht die Hirtreiter Anna von Leonberg, dem Viehhändler seinige Tochter, heiraten. Aber erst musst mir übergeben.' Dem Vater war der Geduldsfaden gerissen, er hat den Georg angeschrien: ‚Gib endlich a Ruah. Du kriagst 's Anwesen nöd, dös ghört am Sepp.' Brüsk hatte er Georg den Rücken zugedreht und weitergearbeitet. ‚Dös wirst' ma no büaßn, dös sel schwör i dir.' Ich selber habe diesem Streit nicht mehr und nicht weniger Bedeutung beigemessen, wie den übrigen Zänkereien vorher.

Gegen halb fünf Uhr waren wir vom Wald zurück. Vater hatte noch ein Geschäft vor. Um dreiviertel sechs Uhr ging er nach Mamming, um dort im Lagerhaus Zement zu kaufen. Zu seiner Barschaft von 600 Mark gab die Mutter noch einen Tausendmarkschein dazu und mahnte: ‚Gib Acht, dass da neamands ’s Geld wegnimmt.' Verdattert hat Vater sie angesehen, Mutter aber beschwichtigte ihn lachend: ‚Dös is bloß a Gspasettl gwen.'

Ich fütterte die Pferde und das übrige Vieh, war damit um viertel sieben Uhr fertig und setzte mich anschließend zu den anderen in die Stube. Gegen halb acht Uhr aßen Mutter, meine drei Schwestern und ich die Nachtsuppe. Georg war nicht mehr daheim. Er war kurz zuvor weggegangen und hatte gesagt, er wolle den Uhrmacher in Großköllnbach aufsuchen.

Mutter und die Schwestern legten sich um halb zehn Uhr schlafen. Ich blieb noch in der Stube sitzen und las in einem alten Schulbuch. Da kam Georg heim. Es war viertel nach elf Uhr. Das weiß ich deswegen so genau, weil ich auf den Regulator, der überm Tisch an der Wand hängt, geschaut habe, der alle Viertelstunde die Zeit anschlägt. Gleich darauf kam die Mutter noch einmal aus ihrer Schlafkammer und jammerte, warum der Vater noch nicht zurück sei, so lange wäre er noch nie weggeblieben. ‚Es wird ihm doch nichts passiert sein?', fragte sie und schluchzte. Dann erzählte sie von einem Traum, den sie kürzlich gehabt hatte. Ihre eigene Mutter war auf dem Totenbett gelegen und plötzlich habe sich ihr Gesicht in dasjenige vom Vater verwandelt. Das bedeute nichts Gutes. Georg hat teilnahmslos zugehört und ist dann wortlos aus der Stube, die Stiege auf den Boden hinauf in unsere Schlafkammer, gegangen. Ich besänftigte Mutter, löschte das Petroleumlicht und ging ebenfalls hinauf in die Kammer. Georg schlief bereits oder tat zumindest so, denn auf meine Frage, wo er wirklich gewesen sei, antwortete er nicht.

Als ich heute früh um 5 Uhr aufstand, um die Stallarbeit zu verrichten, saß Mutter bereits in der Stube. ‚Vater is immer noch nicht da. Geh zua Sepp, such ihn', bat sie mich.

Um dreiviertel sechs Uhr machte ich mich auf den Weg nach Mamming. Als ich beim Moos-Gütler Spanner vorbeikam, fragte ich diesen, ob wegen des gestern am Abend angefangenen Sauwetters der Vater vielleicht bei ihm übernachtet habe und noch da sei. Der Moos-Gütler ist ein guter Bekannter von uns und wettermäßig hatte es ein Schneetreiben gehabt. Als er verneinte, ging ich auf dem verschneiten Weg weiter und sah in der Dunkelheit auf dem Weg in einiger Entfernung schemenhaft etwas, was einem größeren Gegenstand ähnelte. Mich beschlich ein ungutes Gefühl, ich beschleunigte meine Schritte und stand plötzlich vor dem Vater, der auf dem Rücken lag und sich nicht rührte. Sofort erkannte ich es: Er war tot! Gleich dachte ich an einen Schlaganfall, als ich jedoch das viele Blut um ihn herum sah, wusste ich, es war etwas Schlimmes mit ihm geschehen. Beklemmende Angst trieb mich an, so schnell wie möglich heimzukommen. Ich begegnete erneut dem Moos-Gütler und als dieser fragte, ob ich Vater gefunden habe, wies ich mit der Hand in die Richtung: ‚Da hinten liegt er. Er ist tot.‘

Noch auf halbem Wege begegneten mir Mutter und die Schwestern. In großer Sorge um Vater waren sie auch auf die Suche gegangen. Ich sagte ihnen, dass er tot sei und, wieder mit der Hand in die Richtung zeigend, da hinten auf dem Weg mit Schnee zugedeckt liege. Ich holte von daheim ein Pferdefuhrwerk und brachte auf diesem den Leichnam nach Hause. Der herbeigeholte Leichenschauer zog mich zur Seite und sagte: ‚Sepp, du musst zur Gendarmerie gehen, dein Vater ist erschlagen worden. Nimm mir diesen Gang ab.‘

Bevor ich hergekommen bin, habe ich den Georg vom Wald zurückgeholt. Er war an der Suche nach Vater nicht beteiligt, hatte sich zeitig in der Frühe ins Holz aufgemacht, ohne jemandem davon etwas zu sagen. Als ich ihm die Frage stellte, warum er nicht mitsuchte, fauchte er mich an: ‚Is er mei Vater und bin ebba i sei Hüata?‘ Diese Redensart missfiel mir und machte mich hellhörig. Heimgekommen, durchsuchte ich Georgs Kleider, die er am Abend bei seinem Gang nach Großköllnbach getragen hatte. Am grauen Mantel waren an der linken Tasche und auf dem Rückenteil Blutspuren und in der Feiertagshose befanden sich fast 500 Mark Geld. Ich weiß, Georg hat noch nie so viel Geld besessen, wo sollte er dieses auf einmal herhaben. Mein Verdacht ist stark, Georg hat etwas mit Vaters Tod zu tun. Ich erinnere mich jetzt einer Begebenheit, die meinen Verdacht gegen Georg noch untermauert. Nach einer lautstarken Auseinandersetzung mit Vater hat Georg einmal zu mir gesagt: ‚Wenn bloß der bucklige Hund nimmer leben tät.‘ Ich habe dieses damals auch nicht ernst genommen und nieman-

dem davon erzählt. Dass ich's noch richtig sag: Aufm linken Leder-
schnürschuh san auch Blutflecken gwesen. Dös is alles, was ich zum
melden ghabt hob."

Tränen rannen ihm mit einem Male die Backen herunter und Sepp
schämte sich ihrer nicht. Kommissär Meixelsperger hatte die Aussagen
fein säuberlich aufgeschrieben. Nunmehr gab es für ihn eine Menge zu
tun. Zuerst musste der Amtsrichter in Dingolfing über den Sachverhalt
in Kenntnis gesetzt werden, persönlich überbrachte er das Protokoll
des jungen Moosburger, mit einer von ihm angebrachten Zusatzbemer-
kung:

„Unterzeichneter Gendarmerie-Sicherheitskommissär Johann Meixelsperger von der Gendarmeriestation Pilsting hat am 22. September 1921 auf Grund einer Requisition [= Beschlagnahme von Diebes-
gut] des Amtsgerichts Landau a. d. Isar wegen einer anhängigen Pri-
vatklage den Josef Moosburger, Söldner [= Bauer] von Schönthal, gesehen. Ich musste bei ihm die Personalien erheben. Er beklagte sich
über eine schlechte Behandlung durch die Ehefrau und seine erwach-
senen Kinder. Dabei äußerte er unter anderem: ‚Passens' auf die Mei-
nigen auf, die erschießen oder erschlagen mich noch.' Als ich ihm widersprach, dass Frau und Kinder so was nicht tun werden, sagte er mit
dem Brustton der Überzeugung: ‚Ja, Sie werden noch schauen, wenn
mir was passiert. Dann wissen Sie, wo Sie hingehen müssen.'" Noch
am Abend des 22. Februar 1923 wurde Georg Reschmeier wegen
Mord- und Raubverdachts festgenommen.

Die Reschmeier Witib

Georg Reschmeier, am 16. Dezember 1894 in Schönthal, Bezirksamt
Landau a. d. Isar, geboren, trug den Namen seines Vaters, der Ende des
Jahres 1897 an einem unheilbaren Lungenleiden verstarb. Der Mann
hinterließ außer dem dreijährigen Jungen nichts als Schulden. Er war
kein guter Ehemann, noch weniger aber ein fürsorglicher Vater gewesen. Jeglicher festen Arbeit ging er aus dem Weg, tat nur so viel, als er
Geld brauchte, um sich selber über Wasser halten zu können. Sein
hauptsächliches Zuhause waren Wirtshäuser und Kegelbahnen.

Erst 21 Jahre alt, hatte Georgs Mutter ihn geheiratet. Obwohl sie gewarnt wurde, dass ihr künftiger Ehegespons Reschmeier ein arbeitsscheuer, notorischer Trinker und Spieler sei, ging sie mit ihm die Ehe ein. Sie liebte den Tunichtgut. „Wenn wir erst verheiratet sind, werde ich ihn mir schon richten", sagte sie stereotyp zu ihrer Mutter, die absolut gegen die Heirat gewesen war. Theres war voller Überzeugung, ihn so weit gängeln zu können, dass er vernünftigen Argumenten zugänglich werden und sein Lotterleben aufgeben würde. Ihr Glaube an das Gute im Menschen Reschmeier trog sie, das Schicksal wollte es anders und war ihr nicht gnädig.

Nach seinem frühen Tod rackerte sich Theres als Taglöhnerin ab, um wenigstens das Notwendigste zum Leben für sich und den Buben herbeizuschaffen. Trotzdem war sie auch als Witib mit ihren 26 Jahren putzmunter und kein Kind von Traurigkeit. Gerne hätte sie wieder einen Mann gehabt und für das Kind einen Vater. Aber gerade der Junge war ein Hemmschuh für eine neue Beziehung. Mehrere Bekanntschaften lösten sich schnell wieder, nachdem die Existenz des Buben offenkundig geworden war.

Ein sowohl in der näheren wie auch in der weiteren Umgebung von Pilsting allerorten bekannter „Heiratsschmuser" hatte die Witwe Theres Reschmeier ohne deren Wissen längst in seinem Notizbüchl vermerkt, als er in einer Gastwirtschaft in Mamming mit dem Landwirt Josef Moosburger zusammentraf. Dieser kleingewachsene, bucklige Mann, 34 Jahre alt und ledig, suchte vergebens nach einem Eheweib und einer Hauserin für sein Anwesen. Für das landwirtschaftliche Sach hätten sich zahlreiche Weibsbilder interessiert, aber er, der Moosburger selber, war nicht nach ihren Vorstellungen. ‚Was nützt das schönste Anwesen, wennst dazua a Zwetschgenmandl zum Mann nehmen muaßt', war die einhellige Meinung der Heiratskandidatinnen gewesen, die sich den Moosburger und das Anwesen angesehen hatten.

„Moosburger, für dich hätt ich eine mögliche Hauserin", eröffnete der Schmuser das Gespräch. „So, wer tät nachand dös sei?" Er war neugierig geworden. „Du kennst doch die Reschmeier Witib, die Theres." Es war eine dumme Frage des Schmusers gewesen, denn die lustige Theres war weithin bekannt. „Nöd werd i sie kenna", gab Moosburger zurück. „Dera is doch erst Ende vergangenen Jahrs ihr versuffana Oida weggstorbn. Dö hod gwiss no koan Gusto, scho wieder z'heiratn." „Nix gwiss woaß ma nöd", meinte der Schmuser. „Soll ich sie fragn, obs' dei Hauserin und Eheweib werdn möcht?" „War nix dagegn. Sie is koa unrechte Person, passat ebba scho zu mir zuawö."

Moosburger und der Heiratsvermittler kamen ins Geschäft und wurden sich auch über das Schmusergeld handelseinig, falls es zur Heirat kommen sollte.

Theres hörte sich den Heiratsschmuser an, der sie in ihrer armseligen Gemeindebehausung aufgesucht hatte. „Ja freilich kenn ich den Moosburger", beantwortete sie die Frage des Mannes, der mit Engelszungen auf sie einsprach und ihr den Moosburger schmackhaft machen wollte. Wenige Worte verlor er über den Menschen Moosburger, desto mehr aber über das schöne Sach, in das sie sich bloß hineinzusetzen brauche. Der Theres schmeichelte es nicht gerade, dass der Moosburger ausgerechnet ihr den Schmuser mit einem Antrag schickte. „Hast für ihn scho öfter an Schmuserauftrag ghabt?", fragte sie ihn spöttisch. Dieser überhörte geflissentlich die Frage und wechselte sofort das Thema. Nach einigem Hin und Her ließ sich die Theres dann doch zu einem Zusammentreffen mit Moosburger für den folgenden Sonntag überreden.

Als der Schmuser fortgegangen war, stellte sich Theres vor den Spiegel und schnitt eine Grimasse. „Du depperts Weibsbild, hast dich belabern lassen und glattweg dem Vorschlag des Schmusers zugestimmt. Schäm dich, Theres", sagte sie bissig zu ihrem Spiegelbild.

Punktgenau betritt die Theres den Hof des Moosburger'schen Anwesens, an der Hand den kleinen Georg. „Ui, Mama, so vui Henna!" Der Bub riss sich los, rannte auf die fressende Hühnerschar zu, die aufgeschreckt gackernd auseinanderstob. „Warum fürchtn sich die vor mir? Ich tu denen doch nix", enttäuscht ging der Bub zur Mutter zurück.

Theres war mit ihren Gedanken weit fort. Erstmals nach langer Zeit versuchte sie wieder die Erinnerung an ihren verstorbenen Mann zurückzurufen. ‚Du bist zwar ein Scheusal gwesen, aber doch lieb. Aber was solls.' Sie verdrängte die Vergangenheit, sie musste in der Gegenwart leben. Diese ließ sich auch sogleich hören. „Grüaß di Good, Theres." Moosburger stand erwartungsvoll vor der Haustüre und sah die Theres herankommen. ‚Sakra, is dös a saubers Weiberts', dachte er bei sich. Am liebsten hätte er statt einem „Grüß Gott" einen Juchzer herauslassen. Er aber war gänzlich unmusikalisch. Theres verlangsamte ihre Schritte und redete zum Buben: „Sei ma jetzat brav, Schorscherl. Mia wolln an guaten Eindruck macha." „Grüaß Good a, Moosburger", erwiderte sie. „Sehs scho, hosd a schöne Sach beinand."

Moosburger führte seinen Gast durchs Haus, den Stall und hin zum Nebengebäude. Theres war beeindruckt von dem, was sie gesehen hatte und vor allem, wie sauber das ganze Anwesen gehalten war. „Hod ma ois ganz guat gfoin. 's Sach gibt was her, 's Vieh is guat im Fuada, aitz brauchst hoid no a Eheweib und a Hauserin." Sie erschrak über ihre eigene couragierte Rede. Das vom Eheweib und der Hauserin ist ihr einfach so rausgerutscht. Sie sah nieder auf den Moosburger, taxierte ihn von Kopf bis Fuß und fand ihn noch unansehnlicher, als sie es sich hätte träumen lassen. Natürlich wusste sie von dem Misswuchs des Mannes. Jetzt aber, wo sie ihm direkt gegenüberstand war sie fast entsetzt über seine äußere Erscheinung. ‚Dass er kleiner is wia i, warat nöd so arg. Aber dös andere brauchats zum dapacken.' Theres meinte den ausgeprägten Höcker, der nicht zu übersehen war.

Während Theres vor sich hingrübelte, hörte sie plötzlich Moosburger sagen: „ 's Sach hast gsehn, mich hast gsehn. Wannst mei Eheweib wern kanntast, guat tatst es habn bei mir. Und a der Bua. Wia hoaßt a denn?" „Georg, nach sein verstorbnen Vater. I sag Schorschl zu ihm." „Recht so", meinte Moosburger und stellte dann die entscheidende Gewissensfrage. „Hosd dirs überlegt. Tätst mich heiratn?" Als nicht gleich eine Antwort kam, redete er weiter. „I woaß genau, du tätst nöd mi, sondern 's Anwesen heiratn. Dös war mir wurscht. Mir kanntn uns a ohne große Liab vertragn." „Lass ma no a wengerl Zeit zum Nachdenka. Önara Woch ebba wirst mei Antwort kriang." „Mir is recht", sagte Moosburger. Er hatte wieder kein gutes Gefühl, denn warum sollte ausgerechnet sie, die hurtige Theres, ihn nehmen, wenn alle bisherigen Versuche, eine Frau zu finden, fehlgeschlagen waren.

Auf dem Heimweg sprach Theres mehr zu sich selber als zum Buben: „Er is a Manderl, mit dem koa Staat zmacha is. Anderseits hoda a schöns Anwesen, was nöd zum verachtn warad. Da Bua und i kriagtn a feste Hoamat, mir brauchatn nimmer in der oiden Gemeindebude dahi vegetiern. Und vielleicht kannst amoi da Bauer wern, was moanst,

Schorscherl?" Der Bub verstand zwar nicht, was die Mama da sagte, als sie aber seinen Namen aussprach, schaute er zu ihr auf und nickte zustimmend mit seinem Lockenköpfchen.

Ein verhängnisvolles Versprechen

Theres hatte sich in langen schlaflosen Nächten dazu durchgerungen, den Moosburger zu heiraten. ‚Sagn mer halt, da Spatz in der Hand ist besser als die Taube auf dem Dach, oder kommt die Liab oder kommt sie nicht, oder kommt der Tag, bringt der Tag.' Als sie dem Moosburger ihren Entschluss eröffnete, verknüpfte sie ihn mit der Bedingung: „Moosburger, wenn ma heiratn, versprich mir, dass der Schorschl amoi 's Anwesen kriagt." Moosburger kratzte sich am Kopf. ‚So ein raffinier-tes Luder. Mich legt sie nicht rein. Ein Versprechen ist noch nicht nota-risch. Niemand kann voraussehen, was in 15 oder 20 Jahr ist.' Er sah sich bedrängt, überlegte sich aber, dass die Theres doch ein stattliches Weiberleut ist und ihm als Ehefrau schon Ansehen bringen könnte. Trotzdem zierte er sich noch eine Weile. „Du verlangst aber gleich sakrisch vui von mir", wandte er ein, stimmte aber dennoch zu: „Jawoi, Resl, wennst as so habn möchst, i sag zua und in Gotts Nama solls a so wern."

Noch einmal befielen die Theres Zweifel, ob sie nicht doch eine gro-ße Dummheit begangen hatte, sich ohne gründlichere Überlegung vor-eilig auf eine Ehe mit dem Moosburger einzulassen.

Noch vor dem Ablauf des Trauerjahres heiratete die Witwe Theres Reschmeier im Sommer 1898 in zweiter Ehe den ledigen Söldner Josef Moosburger und zog mit ihrem Sohn Georg in das Anwesen ein. Die Nachbarsleute tuschelten über das ungleiche Ehepaar. Niemand ver-stand es, dass die gut gewachsene junge Witib den buckligen Moosbur-ger mochte. Allgemein in Ungnade aber war sie gefallen, weil das Ende des Trauerjahres nicht abgewartet wurde und von ihr dadurch die mo-ralischen Gefühle anderer Menschen verletzt wurden. Es galt eben das unumstößliche Gebot, dass vom Hinterbliebenen, ob Witwer oder Witwe, das Trauerjahr abgewartet werden musste, bevor der oder die Betroffene eine neue Eheverbindung einging. Wer gegen diese eiserne

Regel verstieß, wurde in all seinen Unternehmungen mit scheelen Augen beäugt und gar an den Pranger gestellt. Theres jedoch focht solches nicht an.

Sie versuchte zu allen Leuten höflich und nett zu sein und gewann dadurch nach und nach auch die Gunst derer zurück, die ihr in bissiger Abneigung recht wehgetan hatten.

Josef Moosburger hielt zunächst, was er versprochen hatte. Er und Theres führten eine unauffällige Vernunftehe und der Bub Georg wuchs, von der Mutter gut behütet, in ordentlichen Verhältnissen auf. Nur eines kränkte sie sehr. Sooft der Mann auch in Landau, in Dingolfing oder Landshut war, nie brachte er dem Kind irgendeine Süßigkeit oder ein Spielzeug mit. Als sie ihm eines Tages darüber Vorhaltungen machte, gab er sich scheinheilig betroffen und versprach, sich des Buben mehr anzunehmen. Es blieb ein leeres Versprechen, denn als ihm die Theres alle Jahre ein eigenes Kind gebar, drei Mädchen und zuletzt einen Buben, dem sie den Vornamen des Vaters gaben, war Georg als Stiefkind von ihm nur noch geduldet.

Der ungeliebte Stiefsohn

Ein paar Mal hatte Theres bei ihrem Mann darauf gedrängt, er möge dem Georg doch seinen Namen Moosburger geben, solle ihn adoptieren. Mit diesem Ansinnen fand sie kein Gehör. „Der Georg is nöd mei Bua, also braucht er a mein Namen nöd." Als im heranwachsenden Alter zwischen den Kindern auch wegen der unterschiedlichen Nachnamen gestritten und gerauft wurde, baute sich in Georg der erste Groll gegen den Stiefvater auf. Als er eines Tages zur Mutter sagte: „Wie hastn bloß diese Witzfigur heiratn können?", hörte der Moosburger heimlich mit. Seit längerem hegte er Argwohn gegen seine Frau und den Stiefsohn. In allem, was sie taten und miteinander sprachen, sah er eine Verschwörung gegen sich. „Wos hostn gega mi, wos taugt da nöd bei mir? Dir gib i no lang koa Witzfigur ab." Ehe Georg sich versah, hatte ihm der Stiefvater eine saftige Watschn verabreicht. Wortlos drehte Georg sich um, rannte, kochend vor Wut, in seine Kammer. Dort riss er Kleiderschrank und Truhe auf, holte seine Sachen heraus und verstaute sie in einem Rucksack. Nur weg von hier, bevor ein Unglück passiert. Die Mutter war ihm gefolgt. „Bua, was machstn für Sachen. Du kannst doch nöd weglaufa. Wer soll denn 's Anwesen übernehmen, wenn du fort bist. Vater hat mirs doch versprochen, dass er dir übergibt, wenn d'Zeit dazua da ist." Georg hatte es erst nicht glauben wollen, was ihm die Mutter da sagte. Dann aber besann er sich doch. „Wenns aso is, nachat bleib i." Er packte das Gewandzeug wieder aus und ging zurück an seine Arbeit.

Spannungsgeladen ging es in der Familie aber weiterhin zu. Sobald der halbwüchsige Georg, der den Stiefvater mittlerweile um Haupteslänge überragte, Lohn für seine Arbeit auf dem Anwesen einforderte, geriet Moosburger in Rage und polterte: „Du hast dei Essn, kannst umsonst im Haus wohna, kriagst, wosd zum Anziang brauchst, warum soll i auch no zahln. Der Fleißigste bist ohnedies auch nöd." Nur weil die Mutter dem Georg immer wieder einmal Geld zusteckte, hielten sich die Bösartigkeiten im Rahmen.

Mittlerweile war der Erste Weltkrieg ausgebrochen. Der 19-jährige Georg Reschmeier, großgewachsen und von kräftiger Statur, wurde zum Militär eingezogen. Bald schon fiel er seinen Vorgesetzten als brauchbarer Soldat auf, sein Kompaniefeldwebel wollte ihn als Offiziersburschen vorschlagen. Die Abkommandierung der Einheit an die Westfront verhinderte dies, stattdessen bezog Georg mit seinen Kameraden Stellung in der vordersten Frontlinie. Dort hatte er einige Nahkämpfe – Mann gegen Mann – erfolgreich bestanden und äußerte sich im Kameradenkreis: „Es is gar nöd so schlimm, wenn ma an Menschen an Schädel eischlagt." Ungläubiges Entsetzen und vorwurfsvolle Blicke quittierten diese Infamie. Ein Soldat meinte zu ihm: „Pass bloß auf, dass nöd dir amal a Franzos dein ‚Ditschi' zammahaut."

1917 geriet Reschmeier in französische Gefangenschaft. Die ihm in einem Bergwerk auferlegte Arbeit fand er unerträglich, was er in Briefen nach Hause immer wieder schrieb. Er hatte unsägliches Heimweh und wusste oft nicht mehr, wie es weitergehen solle. Dieses gab dem Moosburger aber nur Anlass zu Spott: „Vielleicht bringt er sich um. S'warat nöd schod um eam." Die älteste Stiefschwester hingegen glaubte, ihn aufmuntern zu müssen, und schrieb wahrheitswidrig, er solle nur durchhalten und wieder heimkommen, der Vater wolle ihm ja das Anwesen überschreiben.

1920 kehrte Georg aus der Gefangenschaft heim. Inzwischen 26 Jahre alt, lernte er auf dem Tanzboden die 18-jährige Anna Hirtreiter, Viehhändlerstochter und in Leonberg wohnhaft, kennen und verliebte sich gleich Hals über Kopf in das Mädel. Er suchte danach ihre Nähe so oft es ging. Als ihm die gegenseitige Zuneigung gefestigt schien, wagte er an Anna die Frage, ob sie ihn heiraten möchte. Daran habe sie noch gar nicht gedacht, wich sie aus, ihr sei mehr an einer Freundschaft gelegen. Sie liebte nämlich ihren Schul- und Spielkameraden, den Nachbarssohn Alois. Ihm war auch ihre Schlafkammer zugänglich. Auf drängende und bohrende Fragen Georgs, ob sie ihn nicht ein ganz wenig mögen und vielleicht doch heiraten könnte, antwortete Anna: „Fragst halt an Vater, ob er mi scho heiratn tät lassen." Das war nur eine Verlegenheitsantwort gewesen, denn sie wusste genau, ihr Vater würde „Nein" sagen.

Irgendwie merkte Georg aber, dass die Liebe nur ihm die Gedanken verwirrte, denn stets wies ihn Anna zurück, sobald er um eine Liebesbezeugung warb. Was er sich aber einmal in den Kopf gesetzt hatte, wollte er durchboxen. Er begab sich zu Annas Vater, sagte ihm, er möchte Anna heiraten und wüsste gerne, ob dagegen Einwände bestehen. Georg sprach davon, dass er bei einer Heirat das Moosburger-Anwesen bekäme, und es läge ihm viel daran, dass dieses so bald als möglich geschähe. „Wennst dahoam alloa 's Sagn hast, könna ma mitanander wieder redn", beschied der Viehhändler und betrachtete die Angelegenheit als erledigt. Reschmeier wurde zornig: „Dös is doch alles Käse. D'Muatta sagt zu mir, soboidst heiratst, wird da übergebn. Du, Hirtreiter, sagst, dassd' erst mit dir redn lasst, wenn i dahoam 's Sagn hab. Da beißt sie da Hund doch ön Schwanz." Anna, innerlich dem Georg keinesfalls in Liebe zugetan, besänftigte den Hitzkopf: „Wart ab, bis i 21 Jahr alt bin, nachat brauch ma an Vater nimmer fragn."

Als Georg eines Abends Anna wieder in Leonberg besuchte, klagte er über heftige Streitereien, die er mit dem Stiefvater in letzter Zeit wegen der Übergabe hatte. „Dös trifft sich ja guat, i heirat dich sowieso nöd, weil mir dös zu lang nausgschobn wird. Ich fahr mitm Nachbarn sein Alisi auf Amerika umi. Mir wandern aus." Diese Offenbarung traf Georg wie ein Keulenschlag. Mit allem hatte er gerechnet, nur nicht damit, dass die Anna ihn eiskalt sitzen lasse. Jetzt ging ihm ein Licht auf, warum für ihn Annas Kammer ständig zublieb. Anna sah, wie sich seine Stirn in Falten zog und lenkte ein: „I fahr aber nöd auf Amerika, wennst ganz boid Herr aufm Anwesen wirst."

Annas Rede schürte den Hass von Georg auf seinen Vater noch weiter: „Herrgottsakrament! Warum gibt er mia nöd über, der Geizkragn?" Moosburger, indirekt der Verursacher seiner Probleme mit Anna, musste beseitigt werden. Das war ab sofort sein erklärtes Ziel.

Draußen vorm Haus fuhr der Wind durch die Baumwipfel, drinnen in der Stube flackerte das Licht der Petroleumlampe, im Ofen knisterte ein Feuer, das anheimelnde Wärme im Raum verbreitete. Der jetzt 53-jährige Josef Moosburger hockte grübelnd auf der Ofenbank, legte sich eine starke Prise Schmalzler auf den Handrücken und zog den Schnupftabak genüsslich in die Nase. Außer ihm war nur seine Theres in der Stube. „Hock di a wengerl her zu mir", forderte er sie auf, „mi druckt ebbas, dös i mit dir beredn mächat." Er rückte ein wenig zur Seite, um Platz zu machen. „Du woaßt", begann er, „da Viechhandler Hirtreiter hod mi scho a paarmoi beim Handel ausgschmiert. Und wia i erfahrn muass, möcht dei Georg die Hirtreiter Anna heiratn. Wia soi dös gehn? Aufs Anwesen kann er sie nöd bringa, weil i eam nöd übergib. Und andererseits is die Anna a Matz, a liaderlichs Weiberleit. Di treibts mitm Buam vo eanam Nachbarn, mitm Alisi. I möcht dös Weiberts bei uns do nöd seng." Theres schluckte erst einmal kräftig, ehe sie ihn an sein Versprechen erinnerte, dem Georg d'Sach zu überschreiben, wenn er heiratet. „Guit dös Vasprecha nimma?", fauchte sie erbost.

Schweigend saßen sie beieinander, als die Stubentüre aufging und Georg hereinkam. Noch geschockt von der Unterredung, die er kurz vorher mit der Anna Hirtreiter geführt hatte, trat er vor den Stiefvater

hin: „Oiso, i wui sofort wissn, wann ma zum Notar genga. I möcht heiratn." Wie von einer Tarantel gestochen, sprang Moosburger hoch,
schrie Georg an: „Damit du's endlich kapierst, übergeb dua i d'Sach,
wann i wui. Du mächatst dös Hirtreiter Matzerl heiratn, bei der der
Alisi in der Kammer 's Hoamrecht hod? Auf mei Anwesen setzt dös Luada koan Fuaß nöd. 's Anwesen übergib i amoi an Sepp, dös is mei Bua,
nöd du. Bist bloß a ogheirateter." Maßlos im Zorn fuhr er fort: „Du bist
in allem gegen mi, bist ein Intrigant und wirst von Tag zu Tag fauler."
„Du miserable Kreatur, du krummbuckliger Hund, i druck dir d'Gurgl
ab." Georg war völlig ausgerastet. Nur das rasche Dazwischengehen
der Mutter verhinderte vorerst eine Katastrophe.

Am 21. Februar 1921 waren Moosburger, sein Sohn Josef und Georg
im Wald beim Holzeinschlag. Der Stiefsohn machte einen letzten Versuch, den Stiefvater doch noch umzustimmen. Erneut stritten sie sich
lauthals, Moosburger wurde tätlich. Er schlug Georg ins Gesicht. Dieses
Verhalten war der Endpunkt in einer langen Reihe von Demütigungen,
Beleidigungen und dem Unvermögen, auf sachliche Weise ein unlösbar
erscheinendes Problem im gegenseitigen Einvernehmen zu klären.
Josef Moosburger kostete dies schließlich das Leben.

Das Unglück nimmt seinen Lauf

Georg hatte mitbekommen, dass der Stiefvater am späten Abend nach
Mamming wollte, um dort Zement zu kaufen. Bekannt war ihm auch,
dass Moosburger jedes Mal in einer Wirtschaft einkehrte, wenn er nach
Mamming kam. Für ihn war nunmehr der geeignete Zeitpunkt gekommen, den Plan, seinen Stiefvater um die Ecke zu bringen, auszuführen.
‚Ich werd ihn auf seinem Heimweg abpassen und umbringen. Erschlagen werd ich ihn, genauso wie im Krieg die Feinde im Schützengraben.'

Kaum hatte Josef Moosburger sich auf den Weg nach Mamming gemacht, täuschte Georg vor, nach Großköllnbach zum Uhrmacher zu
gehen. Damit dieses glaubhaft erschien, zog er sein gutes Gewand an
und legte sich den Wintermantel über. Um sich ein Alibi zu verschaffen,
suchte er tatsächlich das Uhrengeschäft auf, ließ dort eine alte
Taschenuhr zum Reinigen zurück und entfernte sich mit der Nachbe-

merkung, er werde in Leonberg beim Viehhändler Hirtreiter ein Handelsgeschäft besorgen. Am Ende der Ortschaft kam er an einem Gartenzaun vorbei, riss einen dicken Prügel mitsamt den Nägeln heraus, begutachtete ihn und fand ihn geeignet, damit dem Moosburger „sein Licht auszuschlagen".

Etwa auf halbem Wege hin nach Mamming wartete Reschmeier hinter einem Baum am Straßenrand auf den verhassten Stiefvater. Es begann ein Schneegestöber, ihn fror bis auf die Knochen. Das Mordvorhaben ließ ihn jedoch die Kälte ertragen und ausharren.

Es mochte eine halbe Stunde verstrichen sein, da sah er Moosburger auf dem Weg zwischen Lurtzenhäusl und Leonberg herankommen. Trotz der bereits hereingebrochenen Dunkelheit erkannte er ihn unverwechselbar an dessen auffälliger Statur. Georg umklammerte den Holzknüppel mit seinen großen starken Händen, ließ das Opfer erst an sich vorbeigehen, trat dann hinter dem Baum hervor und folgte ihm heimlich. Moosburger spürte instinktiv, dass jemand hinter ihm war. Abrupt drehte er sich um und sah den Stiefsohn auf sich zukommen. Gereizt rief er ihm zu: „Hast du Lump auf mich gwartet, wuist mi umbringa?" „Aitzand ghörst da Katz, du Sauhund." Georg schwang den Prügel und versetzte dem Verdutzten einen kräftigen Hieb von vorne gegen den Kopf. Moosburger riss es von den Beinen. Dann drosch Reschmeier blindwütig auf den wehrlos am Boden Liegenden ein, wieder und immer wieder – so lange, bis der stark Blutende kein Lebenszeichen mehr von sich gab. Sein Schädel war völlig zertrümmert, glich nur noch einer breiigen Masse.

Der Übeltäter beugte sich hinab zum Getöteten, holte aus dessen Winterjoppe die Brieftasche und entnahm dieser das gesamte Geld. Es waren noch fast 500 Mark, Moosburger hatte nicht alles ausgegeben. „Dös brauchst nimmer, der Teifi holt di ohne Geld genauso."

Seelenruhig ging der Mordbube heim und legte sich schlafen. Im Tötungsrausch musste ihm aber entgangen sein, dass sich Blutspritzer auf seinem Mantel und einem Schnürschuh befanden. Der Stiefbruder Josef Moosburger entdeckte diese bei der Durchsuchung von Georgs Gewand. Als Spuren der Tat waren sie ein unverzichtbares Wahrheitsindiz für das erkennende Gericht.

Georg Reschmeier leugnete das Verbrechen zuerst vehement, legte jedoch, nachdem er mit den erdrückenden Beweisen konfrontiert worden war, ein umfassendes Geständnis ab. Reschmeier versuchte, sein grauenvolles Verbrechen am Stiefvater, der am 3. März 1869 in Gattering, Gemeinde Ottering, Bezirksamt Dingolfing, geboren worden war, damit zu rechtfertigen, dass Moosburger ihm das Anwesen trotz Zusagen an seine Mutter nicht überschrieben habe. Dadurch trug er die Schuld dafür, dass die Anna Hirtreiter von ihm nichts mehr wissen wollte und er deswegen grenzenlosen Hass in sich trug, der ihm schließlich den letzten Funken Verstand raubte und ihn zur Mordtat getrieben habe.

Keine noch so an den Haaren herbeigezogene Schuldzuweisung an Moosburger konnte aber das Gewaltverbrechen rechtfertigen, das er schließlich begangen hatte. Reschmeier hegte durch die ständige Zurücksetzung durch den Stiefvater schon im heranwachsenden Alter Groll gegen ihn, dieser entwickelte sich im Laufe der Jahre zu zügelloser Abscheu und Verachtung. Dieser Hass und die Angst, um das vermeintliche Erbe betrogen zu werden, machten Georg Reschmeier zum Mörder des Stiefvaters.

Das Volksgericht beim Landgericht Landshut verurteilte Georg Reschmeier am 11. Juni 1923 zum Tode durch Erschießen. Ein Kommando der Bayerischen Landespolizei unter Führung eines Polizeihauptmanns vollstreckte das Todesurteil am 14. Juli 1923 um 5.40 Uhr im Hof des Landgerichtsgefängnisses in Landshut.

Brennende Eifersucht

Hemmungslose Leidenschaft

„Jetzt leckst mich erst recht am Arsch! Jetzt heirat i di erst recht nöd. Und an Sepp a nöd. Jetzt heirat i an ganz andern." Das waren nach dem im Gerichtsprotokoll wörtlich niedergeschriebenen Tätergeständnis die letzten Worte der 32-jährigen Dienstmagd Christine Hierl aus Rohr, Bezirksamt Kelheim, bevor sie am 6. Juli 1924 auf der Straße zwischen Offenstetten und Abensberg die tödlichen Revolverschüsse in Kopf und Körper trafen. Abgefeuert in blinder Eifersucht von dem 50 Jahre alten Gelegenheitsarbeiter und „Winkeladvokaten" Sebastian Rußwurm.

Rußwurm, am 16. Januar 1874 in Pattendorf, einem Ort zwischen Rohr und Rottenburg a.d. Laaber geboren, war eines von sieben Kindern der Maurer- und Söldnereheleute Franz Xaver und Katharina Rußwurm. Er besuchte die Volks- und Feiertagsschule, arbeitete danach in der elterlichen Landwirtschaft und half dem Vater zeitweilig bei seinen Maurerarbeiten. 1894 zum Militär einberufen, diente er bei der Artillerie in Ingolstadt. Nach Ableistung des Wehrdienstes als „Charge" (Dienstgrad) zur Militärreserve entlassen, heiratete er 1897 auf Drängen der Eltern in ein kleines Anwesen in Rohr ein. Seine Frau gebar ihm sechs Kinder, von denen vier bereits im Kindesalter starben.

Bei Ausbruch des Ersten Weltkrieges als Dienstgrad der Militärreserve zu seiner Stamm-Artillerieeinheit eingezogen, wurde er 1917 an der Front durch Granatsplitter verwundet und nach einem Lazarettaufenthalt einer Genesungs- und Truppenersatzeinheit in Regensburg zugeteilt. Die geringe Entfernung vom Garnisons- zum Heimatort erlaubte ihm Wochenend- und Kurzurlaube. Während dieser Aufenthalte bandelte er mit der am 24. Juli 1892 in Rohr geborenen Dienstmagd Christine Hierl an.

Christine Hierl arbeitete ohne festen Dienstbotenplatz als Magd aushilfsweise bei verschiedenen Bauern in der Umgebung von Rohr und Abensberg. Zwangsläufig lernte sie dabei auch die männlichen

„Ehalten" – Dienstboten – kennen. Da sie keine „Kostverächterin" war, blieb das Klopfen an ihr Kammerfenster nicht ungehört, wenn ihr einer der Knechte gefiel, und das war häufig der Fall. Sebastian Rußwurm traf sie zwar nur am Wochenende, ihm war sie jedoch in besonderem Maße verfallen. Von allen Liebhabern war er der einzige, der es vermochte, ihre hemmungslose Leidenschaft voll zu befriedigen.

Gleich nach seiner, wie er beteuerte, aufgezwungenen Heirat mit einer ungeliebten Frau, begab sich Rußwurm auf Abwege in sexuelle Abenteuer, die den Anfang zu einem völlig zerrütteten Familienleben bedeuteten. Während seine zahlreichen Techtelmechtel zumeist nur vorübergehender Natur waren, war die Verbindung mit Christine Hierl zu einem eheähnlichen Verhältnis geworden, das schließlich in eine Katastrophe und zum gewaltsamen Tod von zwei Menschen führte: zum Tod der Dienstmagd und zur Hinrichtung Rußwurms.

Noch als Sebastian Rußwurm beim Militär war, gebar die Hierl am 27. Februar 1918 einen Knaben und ließ ihn auf den Namen Ludwig taufen. Im gerichtlichen Vaterschaftsanerkennungs-Verfahren benannte sie einen Taglöhnerssohn als Kindsvater, mit dem sie seit einem gegebenen Heiratsversprechen intimen Verkehr hatte. Obwohl ihrer Zeitberechnung nach der eigentliche Vater des Buben nur Rußwurm sein konnte, hielt sie diesen wahrheitswidrig aus dem Verfahren heraus, weil er verheiratet war. Der bezichtigte Michael Hayd aus Train weigerte sich aber, die Vaterschaft anzuerkennen und Alimente zu zahlen, weil er andere „Beihälter" – damals bei Gericht auch so bezeichnet an Stelle von „Beischläfer" – kannte, die mit der Hierl in der einrechnungsfähigen Zeit der Empfängnis ebenfalls geschlechtlich verkehrt hatten und einer von ihnen Sebastian Rußwurm war. Das Amtsgericht Abensberg folgte aber der Aussage der Kindsmutter Hierl und verpflichtete Hayd mit Anerkennungsurteil zur Alimentenzahlung.

Der Winkeladvokat Sebastian Rußwurm

Sebastian Rußwurm, auch Wastl genannt, ging nach dem Ausscheiden aus dem Militärdienst und nach der Rückkehr in sein Heimatdorf keiner geregelten Arbeit nach. Er lebte von allerhand Schmuserhandel und betätigte sich als „Winkeladvokat". Für geringes Entgelt verfasste er für seine vorwiegend ländliche Kundschaft schriftliche Eingaben und Beschwerden vornehmlich an Steuer- und Verwaltungsbehörden und half auch in anderen Angelegenheiten, denen insbesondere ältere Menschen hilf- und ahnungslos gegenüberstanden.

Rußwurm galt allgemein als hinterhältig, niederträchtig, sitten- und haltlos. Nicht nur seine Mitbürger, sondern sogar die Mitglieder des Gemeinderats von Rohr fürchteten sich wegen seiner Unberechenbarkeit und Brutalität vor ihm. Bereits in jungen Jahren schon dem Alkohol verfallen, hatte er sich zum Trunkenbold entwickelt, der jede ehrlich oder auf betrügerische Weise erworbene Mark sofort in Bier umsetzte. Täglich konsumierte der wegen Körperverletzung, Hausfriedensbruch und Urkundenfälschung Vorbestrafte bis zu 35 Halbe. Er führte weder ein harmonisches, noch ein glückliches Eheleben. Seine arbeitsame und gutmütige Frau drangsalierte er despotisch und roh. Und anstatt zum Haushalt etwas beizutragen, versoff er lieber noch den letzten Pfennig. Die Ehefrau war also darauf angewiesen, als Tagelöhnerin zu arbeiten, um wenigstens das Lebensnotwendigste anschaffen zu können. Im Zustand seiner oft über Tage anhaltenden Trunkenheit schob er ihr alle Schuld für die familiäre Misere zu, in der sie steckten.

Am 20. Oktober 1920 wurde Christine Hierl von einem zweiten Buben entbunden, den sie auf den Namen Karl taufen ließ. Als dessen Vater gab sie einen jungen Mann aus Osterhofen aus, der ebenso vehement die Vaterschaftsanerkennung verweigerte, wie ehedem Michael Hayd dies im Falle des Kindes Ludwig tat. Er listete sogar auf, wer außer ihm eine lose Geschlechtsbeziehung zur Hierl unterhielt, fand damit aber beim Vormundschaftsgericht kein Gehör. Dieses glaubte wieder der Kindsmutter und verpflichtete den Gerber Josef Geberl zur Alimentenzahlung. Um die für ihn leidige Angelegenheit aus der Welt zu schaffen, zahlte er einvernehmlich mit Christine Hierl und dem Abensberger Gericht eine Abfindungssumme von 4000 Mark. Sebastian Rußwurm brüstete sich öffentlich in Gasthäusern und bei Bekannten, während der Empfängniszeit beider Kinder mit der Hierl fortgesetzt intim gewesen zu sein. Man brauche sich nur den zweiten Buben, den Karl, ansehen. Dieser sei ihm ohne jeden Zweifel wie aus dem Gesicht geschnitten.

Christine Hierl empfand Rußwurms Redensarten als böswillige Entgleisung und sah einen günstigen Augenblick gekommen, sich von dem älteren, verheirateten Mann loszusagen. Wegen ihrer Liaison mit Rußwurm war sie an ihrem letzten Arbeitsplatz bereits zum Zankapfel der Bauersleute geworden. Während der Bauer, der ihre gewissenhafte und gute Arbeit schätzte, sie an Lichtmess 1924 fest als Dienstboten behalten wollte, duldete die gottergebene Bäuerin „das lasterhafte Mensch" nicht mehr auf dem Hof, und die Hierl musste gehen.

Sie kehrte zurück nach Rohr. Dort war ihr gemeinsam mit Geschwistern ein kleines Häuschen vererbt worden, in welchem neben der Schwester Maria die 83-jährige Großmutter mit Christines Kindern Ludwig und Karl wohnten. Die Kinder waren durch die Alimente ihrer amtlichen Erzeuger hinreichend versorgt, so dass sie sich darüber weiter keine Gedanken zu machen brauchte. Tagsüber hielt sich die Hierl jetzt nach Absprache mit Rußwurm in dessen Haus in Rohr auf. Dieser trieb es mit ihr ungeniert scham- und rücksichtslos vor den Augen der eigenen Frau. Müpfte diese dagegen auf, wurde sie vom Ehemann wüst beschimpft und geschlagen.

Christines Unmoral eckte überall an. Die Bewohner des Ortes hielten Abstand und mieden die „Dorfhure", ihre Schwester Maria wetterte gegen das anstößige, provozierende Verhalten und verlangte von ihr, die Beziehung zu Rußwurm zu beenden. Da trat dieser auf den Plan. Zynisch und in gemeinster Weise verbreitete er, 1922 ein halbes Jahr lang neben Christine auch mit deren Schwester Maria geschlechtlich liiert gewesen zu sein, sie sei auch keine Heilige und möge sich deshalb nicht so bigottisch aufführen. Maria leugnete nicht, sondern rechtfertigte sich damit, dass Rußwurm penetrant zudringlich gewesen war und sie ihm bisweilen sogar mit Gewalt zu Willen sein musste. Außerdem habe sie nicht gewusst, dass Christine zu dieser Zeit schon seine Geliebte war.

Sebastian Rußwurm hatte mit seiner Offenbarung Zwietracht unter den Schwestern gesät. Als Maria zu Christine sagte: „Wos findstn eigentli an dem Haderlumpn, lassn doch laufa. Heiratn kannstn do nöd, den vasuffenen Hund", da antwortete diese: „Wos redstn du für an

Scheiß. Hosd as do soiba lang gnua ghod mit eam. Muasst as do wissn, wia stark er baut is. Da kann ma einfach nöd na sagn." Christine hatte auf die außergewöhnliche Männlichkeit des Rußwurm angespielt, derentwegen sie immer wieder zögerte, von dem unverschämten, aufdringlichen Nichtsnutz abzulassen. Ob sie es wahrhaben wollte oder nicht: Sie war ihm hörig, auch ohne stählerne Fesseln an ihn gekettet auf Gedeih und Verderb.

Der Nebenbuhler

Unerwartet verschaffte Rußwurm der Geliebten am 15. April 1924 einen festen Arbeitsplatz als Magd bei einem Bauern in Abensberg. Zwei- bis dreimal die Woche ging er zu ihr und jedesmal vollzogen sie in ihrer Kammer den Beischlaf. Christine war in ihrer sexuellen Gier unersättlich. Da kam Anfang Mai 1924 auf den Hof ein neuer Knecht, der ihr recht gefiel. Josef Steinberger fand sich von der molligen Magd ebenfalls angezogen und beide vereinigten sich in wollüstiger Umarmung.

In der Nacht von Pfingstsonntag auf Pfingstmontag 1924 stürzte der Knecht im angetrunkenen Zustand auf der Heimfahrt von Hienheim mit dem Fahrrad und verletzte sich am Daumen. Er klopfte an Christines Kammerfenster und bat sie, ihm die stark blutende Wunde zu verbinden. Rußwurm, der bei ihr nächtigte, versuchte vergeblich, die Hierl davon abzuhalten. Sie jedoch ging in die Knechtekammer, verband dem Sepp die Daumenwunde, zog ihm die Schuhe und das blutbefleckte Hemd aus und zog ihm ein frisches über. Rußwurm beobachtete dies durch ein Spundloch in der Kammertüre. Als ihm alles zu lange dauerte, rüttelte er an der Tür und rief nach Christine. Darüber geriet der Knecht in Rage, schob seine Samariterin beiseite und wollte hinaus, um sich den Nebenbuhler zu greifen. Nur gutes Zureden durch die Hierl verhinderte, dass beide aneinander gerieten.

An Rußwurm nagte plötzlich heftige Eifersucht. Er ahnte es, dass zwischen Christine und dem Knecht Steinberger mehr war, als das übliche Dienstbotenmiteinander. Wie sonst wäre sie gegen seinen erklärten Willen sogleich zum Knecht gegangen, um ihm zu helfen.

Sebastian inszenierte eine heftige, lautstarke Auseinandersetzung, schimpfte die Hierl eine gottverdammte Hure und drohte ihr mit einer Anzeige wegen Meineids, falls sie ihm untreu werde. Im Rechtsstreit in der Vaterschaftsangelegenheit Hierl/Hayd hatte sie die Frage des Richters verneint, in der Empfängniszeit des Sohnes Ludwig mit anderen den Beischlaf vollzogen zu haben. Rußwurm verstand es in seiner Gewissenlosigkeit, der unerfahrenen Hierl einzureden, einen Zeugenmeineid geleistet zu haben, obwohl er als „Winkeladvokat" bei seiner Gewandtheit in rechtlichen Dingen genau wusste, dass die Hierl nicht zeugenschaftlich ausgesagt hatte. Christine war zu seinem gefügigen Werkzeug geworden, das er unter Druck halten konnte.

Christine Hierl saß zwischen zwei Stühlen. Rußwurm, verheiratet und ein ungewöhnlich guter, ausdauernder Liebhaber, der sie unentwegt bedrängte, und Josef, der Jüngere, kreuzbrav, aber in der Liebe unbefangen, in den sie sich verliebt hatte. Sie erkannte mit einem Male den Unterschied zwischen Hörig- und Verliebtsein.

Die beiden Rivalen begegneten sich am Dienstag nach Pfingsten, es war der 10. Juni 1924, in der Frühe im Kuhstall des Bauern, wo Rußwurm die Hierl aufgesucht hatte. Der anwesende Knecht ging drohend auf ihn zu und wollte handgreiflich werden. Rußwurm, ängstlich und feige, nahm Reißaus, rannte aus dem Stall und vom Hof. Christine wusste jetzt auch, wer der Mutigere war, und das Pendel neigte sich dem Knecht Josef Steinberger zu. Das sagte sie auch dem Rußwurm, der sich in seinem unbändigen Zorn vornahm, wegen dieser Gemeinheit Rache zu üben. Er wusste nur noch nicht, auf welche Art und Weise er dies tun würde.

Als Christine Hierl Rußwurm am Freitag, den 13. Juni 1924 nachts nicht in ihre Kammer ließ, eskalierte seine Eifersucht. Er musste die Hierl aus der Nähe Steinbergers bringen, der ihn, den alternden Liebhaber, als junger, sauberer Bursche leicht ausstechen konnte und bei Christine bereits Erfolg hatte. Dazu müsste sie den Hof verlassen und die feste Dienstbotenstellung aufgeben. Um dieses zu bewerkstelligen, entschloss er sich, das Hierl-Häuschen in Rohr niederzubrennen.

In der Nacht von Samstag, dem 14., auf Sonntag, dem 15. Juni, ging das Wohnhaus der Geschwister Hierl in Flammen auf. Keiner im Ort konnte sich einen Reim darauf machen, wer so schäbig sein konnte, diesen Brand zu legen? Da die Hausbewohner mit niemandem im Dorf verfeindet waren, wurde Brandstiftung durch einen Ortsbewohner ausgeschlossen. Das Häuschen war gegen Mobiliarbrandschaden überhaupt nicht und in der staatlichen Immobilienversicherung gerade hinreichend versichert, eine Eigenbrandlegung schied also von vornherein aus. Die Ermittlungen nach der Brandursache erbrachten eindeutigen Beweis für eine Feuerlegung auf dem Dachboden. Diesen hatte von den Bewohnern des Hauses aber niemand mit offenem Licht, etwa mit einer Petroleum- oder Karbidlampe, betreten. Auch der Kamin war intakt, von ihm ging keine Feuergefahr aus.

Sebastian Rußwurm brachte am Tag des Brandes, am 14. Juni nachmittags, unaufgefordert und erstmals Maria Hierl Ziegenfutter. Sie wunderte sich darüber, argwöhnte aber nicht, dass Rußwurm damit eine Schurkerei verband. Auf diese Weise unauffällig ins Haus gekommen, nutzte er die Gelegenheit, den Brandanschlag vorzubereiten. Als es Nacht geworden war, stieg er über eine unbemerkt bereitgestellte Leiter durch das Dachfenster in den Dachboden ein, verschüttete Petroleum, zündete an und flüchtete auf demselben Weg zurück ins Freie. Aus sicherer Entfernung verfolgte er, wie die Flammen den Dachstuhl hochzüngelten und sich zum Großfeuer ausweiteten.

Am Morgen nach der Brandnacht, Sonntag, den 15. Juni 1924, war Rußwurm schon um 4 Uhr bei Christine Hierl auf dem Bauernhof in Abensberg und berichtete ihr, dass das „Häusl" abgebrannt sei. Ungläubig und tief betroffen fragte sie ihn: „Hosd du ozünd?" Eine innere Stimme musste ihr eingegeben haben: Vor dir steht der Brandstifter. Forschend betrachtete sie ihn, bis er endlich antwortete: „Ja, i bins gwen. Dir z'Liab hob is tan. Aitzand kimmst zu mir. Nachat gehn ma brandbettln, baun uns a neis, a greßers Haus und heiratn. I lass mi scheidn." Und er fügte noch hinzu: „Soist du aba moana, du kannst mi aitzand ozoang bei dö Schandarm, dann stirbst. Dann bring i di um." Christine kleidete sich eilends an, klopfte den Knecht Josef aus dem

Schlaf und trug ihm auf, den Bauersleuten zu sagen, sie habe heim müssen nach Rohr, weil das Häusl gebrannt hat. Am Abend komme sie wieder.

Die Hierl kam nicht zurück. Rußwurm hatte sie in die Wohnung in seinem Haus aufgenommen. Die eigene Frau verbannte er in eine Abstellkammer, wo sie auf einem alten Strohsack schlafen musste. Er und Christine nächtigten gemeinsam in den Ehebetten im Schlafzimmer. Rußwurm hatte zumindest das Ziel erreicht, die Hierl in seine Nähe gebracht und vom vermaledeiten Knecht weggeholt zu haben.

Am Prangertag (Fronleichnamstag) kam der Knecht Josef Steigenberger nach Rohr und sah sich die Brandstätte an. Er traf mit Christine zusammen. Weinend beklagte sie den Verlust des Häuschens, das später, wenn sie einmal alt sei, ihre Heimat hätte sein sollen, egal, ob sie dann verheiratet oder ledig gewesen wäre. Sie verschwieg nicht die Einquartierung bei Rußwurm und bat Josef, beim Bauern um gut' Wetter anzuhalten, denn sie würde gerne wieder auf dem Hof arbeiten. Die Bauersleute hatten ein Einsehen, verübelten ihr den unerlaubten Weggang nicht und behielten sie weiter als Magd.

Am 26. Juni lamentierte Rußwurm in einer Abensberger Gastwirtschaft, Christine Hierl treibe es auf dem Hof mit dem Rossknecht. Wer die beiden richtig „feilen" (prügeln) würde, der bekäme von ihm einen Hunderter. Als er merkte, dass sein Anstiftungsversuch fehlschlug, erboste er sich: „Wenn dös Saumensch da warat, i tät ihr d'Fotzn richtig polirn." Dann brach er in wüste Beschimpfungen aus, mit den unflätigsten Ausdrücken, welche die bayerische Sprache hergibt und die besser nicht wiedergegeben werden.

Rußwurm verließ angetrunken das Wirtshaus zu später Nachtstunde und wollte bei der Hierl kammerfensterln. Er klopfte, von drinnen hörte er Christine sagen: „Geh hoam zu deim Weib, bsoffner Saukerl. I möcht endli mei Ruah vor dir hom. D'Leit in Rohr schmatzn bös über uns und i leid dös nimmer." Dann folgte das amtlichen Akten wörtlich entnommene Zwiegespräch:

Rußwurm: „Ich weiß schon, der Sepp ist dir halt lieber wie ich." Christine: „Freilich, ein Junger ist einem allweil lieber wie ein Alter."

Rußwurm begann, Krach zu schlagen: „Der junge Stecher soll nur außa kemma, dann erschiaßn ich oder schneid ihm den Schädel weg.

Fünfeinhalb Jahr genga mir scho mitanander und jetzt auf amoi tatst mich nimmer mögn. Dich erschiaß ich auch noch, wenn ich dich nirgends anders erwisch, tua ichs in der Kirch." Und lauthals plärrte er: „Du muasst mei Weib wern, sonst muasst sterbn." Von diesem Moment an war die Hierl auf der Hut. Überzeugt davon, er mache seine Drohung wahr, verließ sie ihre Arbeitsstelle auf dem Hof nur noch in Begleitung entweder einer anderen Magd oder mit dem Knecht.

Der tödliche Entschluss

Die Gendarmerie einzuschalten, dazu hatte sie zu große Angst, von Rußwurm getötet zu werden. Dieser wiederum trug nur noch den einen Gedanken in sich: Die Hierl muss sterben! Tag und Nacht schlich er um den Bauernhof und in der Gegend herum, es bot sich jedoch keine Gelegenheit, die Hierl alleine anzutreffen. In ihrer Not wandte sich Christine an eine gute Bekannte. Ihr lief das Herz über, sie musste sich einmal aussprechen. „Niemand anders hod bei uns ankent ois da Rußwurm, der Lump. Er hod mirs soim gsagt. I kanntat no vui mehra sagn, aba i fürcht mi. Der bringt mi sonst um."

Am 4. Juli 1924 sprach Christine mit einem Dorfbewohner über den Brand und sagte diesem: „Der Rußwurm hod bei uns ankent." Gegengefragt, ob sie dies genau wisse, antwortete die Hierl: „Freili, hod er mirs doch soim eigstandn." Sowohl Christines Bekannte als auch der Ortsbewohner rieten ihr dringend, zur Gendarmerie zu gehen und Anzeige zu erstatten.

Als Rußwurm von dem Dorfbewohner angesprochen wurde, warum er das Hierl-Häusl brandlet habe, sagte dieser ruhig, aber eiskalt: „Wenn du dös no amoi sagst, mach i di koid." Und er fuhr fort: „Wenn i di umbring, i kriag nöd vui. Bloß a paar Jahrl Zuchthaus, weil i unzurechnungsfähig bin." Als der Mann entgegnete, die Hierl habe ihm erzählt, er sei der Brandstifter, da rastete Rußwurm total aus: „Die Matz, die Hur, i erschiaß sie mit'm andern (gemeint war der Knecht), wenns ö Kirch gengan. Passiern tuat mia nix. I kimm höchstens ös Narrnhaus. Mehr macha könnens mit mia nöd. Z'Rohr is no nöd so was da gwen, wos komma werd." Rußwurm zog einen Revolver aus der Tasche und fuchtelte damit herum. Wieder begann er zu räsonieren: ‚Dawischn tua i sie auf jedn Fall und wenns ö da Klosterkirch am Traualtar is. So ebbas kann i tuan, weil i narrisch und scho amoi inara Heilanstalt gwen bin.‘ In diesem Augenblick kam Rußwurms Sohn Georg hinzu. Erschrocken sah er auf die Waffe in der Hand des Vaters. „Um Gottes willen, Vater, wos soi'n dös bedeitn?" „Schau, Schorsch, grad wegn dera Matz hob i den Revolver kauft. Dö wird jetzt daschossn, dö muass hi sei." „Vata, mach koan Unsinn, gib ma an Revolver, bekehr di und geh beichtn", forderte der Sohn. Barsch fuhr er Georg an: „Na! I ko nimma beichtn, dö wiad daschossn."

Die Ermittlungen der Gendarmerie in der Brandsache Hierl konzentrierten sich immer mehr auf Rußwurm und er sollte am 6. Juli festgenommen werden. An diesem Tag aber überschlugen sich die Ereignisse.

Christine Hierl hatte sich in Abensberg allein auf den Weg gemacht, ihre kranke Schwester Maria in Rohr zu besuchen. Auf der Straße über Offenstetten nach Rohr holte Rußwurm sie mit dem Fahrrad ein. Er war ihr nachgefahren, als er sie vom Hof weggehen sah. Längst schon belauerte er sie und wartete auf eine passende Gelegenheit, mit ihr zusammenzutreffen, ohne dass jemand in ihrer Nähe war. Ihr Puls beschleunigte sich. Furcht trieb ihr Angstschweiß auf die Stirn und machte den Mund trocken. Christine wurde es mulmig, sie bekam das Gefühl, sich übergeben zu müssen. In Todesangst geraten, verspürte sie das nahende Unheil, ein Entkommen war nicht mehr möglich.

Rußwurm stieg vom Rad, schob es, rechts von der Hierl gehend, neben sich her. Ruhig und sachlich begann er eine unverfängliche Unterhaltung, war ausgesprochen nett und Christine schöpfte Hoffnung, sich unnütz und unbegründet Sorgen gemacht zu haben. Freundlich lächelnd schenkte er ihr ein Leibchen und stellte dann die Frage: „Hosd an Sepp heit Nacht ö da Kammer ghod? Habt'sös tan mitnander?" „Na, neamands is bei mir gwen. Hob nur 's klopfa nöd ghört. I schlof ö da letzan Zeit oiwei so fest." „Liag nöd, Schlampn! Er ist drinn gwen, ganz laut seits worn, wias ghurt habts." Rußwurm beschimpfte sie aufs Gröblichste. Da wurde Christine zornig. Sie spuckte und schlug ihm ins Gesicht. Über diesen Wutausbruch amüsiert, wollte er sie besänftigen. Er legte einen Arm um ihre Schulter und sagte leise: „Geh, sama wieda guat." Erneut stieß ihm die Hierl die Faust vor die Brust und fauchte: „Nia heirat i di, kannst higeh, wost wuist. Machst mi oiwei so schlecht, gibst ma so schlechte Nama und wegan Meineid tatst mö a no ozeign. Dassd' dö nöd schamst." Und dann fielen die verhängnisvollen letzten Worte. Rußwurm, außer Rand und Band geraten, zog den Revolver und schoss. Christine Hierl war sofort tot. Rußwurm stellte sich der Gendarmerie und legte ein umfassendes Geständnis ab.

Am 6. Dezember 1924 verurteilte das Schwurgericht beim Landgericht Regensburg Sebastian Rußwurm wegen Mordes zum Tode und wegen des sachlich damit zusammenhängenden Verbrechens der Menschen gefährdenden Brandstiftung zu 15 Jahren Zuchthaus. Ein an den Ministerrat des Freistaates Bayern gerichtetes Gnadengesuch wurde abgelehnt, das Urteil war damit rechtskräftig.

Am 28. Februar 1925, um 7 Uhr früh, vollstreckte der Nachrichter Johann Reichhart im Hof des Landgerichtsgefängnisses Regensburg das Urteil mit der Guillotine.

Ein Frauenheld und Kindsmörder

Im Gerichtssaal

Pünktlich wie angekündigt öffnete sich am 7. Oktober 1925 die Tür des Sitzungssaales beim Schwurgericht in Regensburg. Verhandelt wurde gegen den 33-jährigen Metzger Johann Berthold aus Burglengenfeld wegen Mordes. Die in den Gängen vor dem Gerichtssaal versammelte Menschentraube schob und drängelte sich auf den Einlass zu, denn jeder der Anwesenden wollte einen Platz im Zuhörerraum ergattern. Nicht umsonst waren sie so zeitig in der Frühe zu Fuß, mit dem Fahrrad, der Pferdekutsche oder mit der Eisenbahn aus Loisnitz, Burglengenfeld und Umgebung in die Stadt gekommen, um zu erfahren, wie und warum der Angeklagte seinen zwei Jahre alten leiblichen, aber unehelichen Sohn Alfred Reindl aus Loisnitz ermordet hatte. Viele widersprüchliche Darstellungen um das furchtbare Geschehen am 11. Juni 1925 im Wäldchen bei Birkhof in der Gemeinde Eich, Amtsgerichtsbezirk Burglengenfeld, waren im Umlauf, nunmehr erwartete man die Gründe zu hören, die zu dem abscheulichen Verbrechen geführt hatten.

Eine Stecknadel hätte man fallen hören, so still war es im Raum, als der Staatsanwalt die Anklage vortrug. Zu Tumulten kam es jedoch, als er geendet hatte. „Aufhängen", „Köpfen", „Erschießen", riefen die Zuhörer in einem wirren Durcheinander dem Gericht zu. Der Vorsitzende Richter sah sich mehrmals dazu genötigt, Ruhe anzumahnen. Die aufgeheizten Gemüter beruhigten sich aber erst, als er drohte, den Saal räumen zu lassen. Als am Ende der Verhandlung der Schwurgerichtsvorsitzende das Todesurteil gegen Berthold verkündete, gingen erneut die Emotionen hoch und es gab für das Gericht lang anhaltenden Beifall und Bravo-Rufe.

Johann, der Frauenheld

Es ist nicht die Geschichte der zwei Königskinder, die nicht zusammenkommen konnten. Nein, sie erzählt von zwei jungen Menschen, die nach langen Jahren der Irrungen und Wirrungen zueinander, sich aber nicht fürs Leben fanden und deren schicksalhafte Verbindung zuletzt zum gewaltsamen Tod eines Kindes führte.

Ein Tag im Spätherbst 1917. Der damals 25 Jahre alte Johann Berthold, Sohn eines wohlhabenden Metzgermeisters aus Burglengenfeld, holte sein Fahrrad aus dem Geräteschuppen, um zu einem Viehhändler nach Loisnitz zu fahren. Mit diesem machte er in der letzten Zeit seine Geschäfte, denn von den Bauern in der Umgebung, denen er vorher das Schlachtvieh abgekauft hatte, wurde er neuerdings gänzlich ignoriert. Je länger der Krieg dauerte, man befand sich bereits im dritten Kriegsjahr, desto mehr verübelten diese es ihm, dass er nicht auch Soldat war und an der Front kämpfte wie ihre Söhne, von denen schon einige gefallen waren.

Er schämte sich, wenn ihn die Menschen scheel ansahen und hinter seinem Rücken tuschelten, was es wohl damit auf sich haben konnte, dass er nicht im Krieg sei. Und er ertrug kaum noch die hämischen Fragen, wie man es anstellen müsse, sich als junger Mann vom Militär drücken zu können, um stattdessen daheim ein sorgenfreies, flottes Leben zu führen. Dabei hatte es nicht an ihm gelegen, dass er vom Militärdienst zurückgestellt worden war. Mehrmals war er drauf und dran gewesen, sich freiwillig zu melden. Sein Vater wusste dieses jedoch jedesmal mit der Drohung zu verhindern, ihn zu enterben, wenn er etwas gegen seinen Willen unternehme.

Erst am Abend des Vortages hatten sich beide wieder heftig gestritten, als Johann erneut von einer Freiwilligenmeldung sprach. Wütend fuhr der Vater ihn an: „Was meinst du, warum du nicht im Krieg bist? Weil ich an Sohn brauch als Nachfolger fürs mühsam aufgebaute Geschäft und koan toten Heldn. Soichane gibts inzwischen massenhaft. Deshalb hob i mit Hilfe einflussreicher Leut deine Zrückstellung vom Militärdienst erreicht. 's hod mi an schöna Batzn Goid kost. Und hör ma guat zua, die Akten mit deine militärischen Erfassungsdaten liegn irgendwo in am Keller und vamodern dort. Fürs Militär existierst du nimmer. Es gibt dich nimmer." Das also war der Grund, er war zum Spielball korrupter, geldgieriger Beamter geworden. Berthold konnte es kaum fassen.

Vom Vater noch gegängelt zu werden, das war jetzt nicht mehr das dominante Problem. Die höhnischen, abwertenden Bemerkungen und persönlichen Demütigungen durch Fronturlauber, die ihn als Feigling und Drückeberger brandmarkten, das lastete schwer auf seinem Gemüt. Gottlob waren die Frauen aufgeschlossener und für ihn zugänglicher. Er liebte sie, sie liebten ihn. Er brauchte nur mit den Fingern zu schnippen und sie hingen wie Fische an der Angel. Deshalb ging es ihm allen Widerwärtigkeiten zum Trotz ganz gut.

Diesen Gedanken nachhängend trat er fest in die Pedale und bog von der Hauptstraße ab in einen Feldweg, der nach Loisnitz führte. Aus einiger Entfernung sah er auf einem Acker eine arbeitende Frauensperson, die ihn neugierig machte. Auf gleicher Höhe angekommen, stieg er vom Rad und sprach die Unbekannte an. „Bin i richtig aufm Weg nach Loisnitz?" Ohne sich umzuwenden und ohne die Arbeit zu unterbrechen, antwortete sie: „Ja, allweil grad aus, nachat kimmst direkt hin. Kannst dö gar nöd vafehln." Berthold war überrascht. Lange hatte er keine so zarte, angenehme Stimme mehr gehört. Da sie ihm den Rücken zugedreht hatte, verlangte es ihn danach, ihr Gesicht zu sehen. Sich langsam herantastend, nannte er seinen Namen und woher er komme, und fragte sie umgekehrt dasselbe. „Warum wuistn dös wissn?", fragte sie etwas barsch zurück. „Na ja, i moan hoit, man soit sö kenna lerna, wenn ma mitanander redt, und a oschaugn. Möchst nöd herlurn zu mir?" „Wennst as unbedingt wissn wuist, i bin d'Reindl Gertraud vo Loisnitz und zwoarazwanzg Jahr oid. Sonst no ebbas?" Sie hatte sich ihm zugewandt und das Kopftuch abgenommen. Ein paar Strähnen des langen blonden Haares fielen auf ihr verschwitztes Gesicht. Spitzbübisch lächelnd sah sie mit großen, dunklen Augen auf den fremden Burschen. „Warum starrstn mi gar so an?" Berthold wurde verlegen, fasste sich aber schnell und erwiderte: „Sakra, bist du a saubers Deandl. Mit dir möcht i gehn, dich mächat i heiratn." Laut lachte sie heraus: „Redst du oiwei so an Stuss daher, wennst vo oana wos wuist?" Gertraud Reindl meinte, ihn durchschaut zu haben und zu erraten, auf was er es anlegte. Berthold glaubte, es treffe ihn eine Keule, als das Mädel plötzlich fragte: „Warum bistn du nöd a Soidat und ön Kriag wia andre? Du bist doch jung, stattlich und, wiari annimm, a gsund?" Schon wieder hatte sie ihn am Wickel, die verfluchte Frage nach Soldatentum und Krieg. Er durfte ihr doch nicht sagen, was sein Vater unternommen hatte, dass er freigestellt worden war. „I bin hoid vom Militär zruckgstoid worn. Warum, dös kann i nöd sagn."

Berthold und Gertraud sprachen noch einige Zeit über belanglose Dinge miteinander, dann forderte sie ihn indirekt auf, weiterzufahren. „Mia müassn Schluss macha mit den Spassettln. I hob no allerhand z'tuan, bis i mit da Arbat fertig bin." Abrupt drehte sie sich um und trieb die Harke fest in den Ackerboden. Einen Jux brauchte er sich nicht machen mit ihr. „Heiratn möcht er mi, sagt er. Dass i nöd lach. Mia kenna uns ja kaum." Berthold ließ sich nicht so ohne weiteres vertreiben. Er stellte nochmals die Heiratsfrage. „Wennst moanst, probiern kanntmas ja." Das gab sie zur Antwort, nur um Ruhe zu bekommen. „Mir ist aber toternst damit. Oder hosd an Freind?" Johann Berthold ging aufs Ganze. Genau wollte er es wissen, denn Gertraud gefiel ihm. „Na, hob no nia oan ghod," gab sie missmutig zurück. Das stachelte Berthold an: „I bin a no frei. Und du wirst mei Metzgerin. D'Hand drauf, nachat gehnma ab sofort mitnander." Ein Handschlag besiegelte die Abmachung, der Gertraud keine Bedeutung beimaß. Bevor Berthold weiterradelte, verabredeten sie sich für den kommenden Sonntag auf dem Markt in Burglengenfeld.

Gertraud war pünktlich wie abgesprochen auf dem Markt. Berthold hingegen hatte die Verabredung längst vergessen. In Begleitung einer anderen Frauensperson ging er wortlos an der Reindl vorbei und tat, als kenne er sie nicht. „I hobs glei gspannt, dassa a Lump is. Besser glei dakennt, ois ön Dreck einitappt." Enttäuscht, aber in der Gewissheit, einem Windhund nicht aufgesessen zu sein, machte sich Gertraud auf den Weg nach Hause. Das Kapitel Johann Berthold war für sie erledigt.

Ein Wiedertreffen

Drei Jahre später, an Kathrein 1920, war Gertraud Reindl auf einer Tanzmusik in Burglengenfeld. Ein gleichaltriger Bursche aus dem Heimatdorf hatte sie überredet, mit ihm zum Kathreintanz zu kommen.

Bekanntlich heißt es: „Kathrein stellt den Tanz ein", da wollte sich Gertraud noch einmal richtig austoben und ordentlich amüsieren. „Andauernd nur werkeln und schuften muass'ma a grad nöd, man derf sö a amoi vergnügn und lustig sei", sagte sie zu ihrem Begleiter, einem guten und unermüdlichen Tänzer. Wie aus dem Boden gestampft stand plötzlich Berthold vor ihr. Er hatte schon eine Zeit lang von seinem Tisch in der hintersten Ecke des Tanzbodens aus beobachtet, wie sie mit ihrem Tänzer schäkerte und turtelte. Fein herausgeputzt und für das Fest besonders hübsch zurechtgemacht, war Gertraud eine auffallende Schönheit. Eifersucht ergriff ihn. Dieses Mädel gönnte er keinem anderen. Beide tanzten miteinander. „Herrgottsakra, so wia du tanzt, dös is a wahre Pracht. No nia hob i so a wundervolle Tanzpartnerin ön Arm ghod." Berthold begann vor Aufregung zu schwitzen. Er musste sie für sich gewinnen, koste, es was es wolle. Doch Gertraud blieb ihm gegenüber kühl und zurückhaltend. Als er sie nach der Polka an seinen Tisch mitnehmen wollte, lehnte sie ab, ebenso das Ansinnen, mit ihm endlich eine gemeinsame Verbindung einzugehen. Geringschätzig fragte er noch: „Wos hosdn da für an Bauernstutzer bei dir? Habts wos mitnander?" Zornig fuhr Gertraud ihn an: „Wos geht dich dös an. Bin i dir ebba Rechenschaft darüber schuidi, mit wem i geh und wos i tua? Er is wenigstens koa Bazi wia du. Er hoit, wos a vaspricht. Du aba nöd." Sie zielte auf sein damaliges Verhalten am Markt in Burglengenfeld ab.

Im Frühjahr 1921, fast ein halbes Jahr nach der Begegnung beim Kathreintanz, führte der Zufall Gertraud Reindl und Johann Berthold auf der Steinernen Brücke in Regensburg abermals zusammen. Sie war nach einem Arztbesuch auf dem Heimweg nach Loisnitz, er war wie so oft geschäftlich mit dem Fahrrad unterwegs. „Gertraud, i wui di heiratn. Renn nöd glei wieda vor mia davo", flehte er sie an. „I bring di nimmer aus meim Schädl außi. Sag endli ja." Trocken und sachlich fiel die Antwort aus: „I werd mas überlegn." Ohne sich auf einen weiteren Disput einzulassen, ging Gertraud ihres Weges. „Mit diesem Menschn hod ois koan Sinn. Er is a Vagabund und bleibt oaner." Mochte Gertraud weiterhin so denken, im hintersten Winkel ihres Herzens hatte er dennoch ein Platzerl gefunden, seitdem sie zum ersten Mal mit ihm im Spätherbst 1917 gesprochen hatte. Und ob sie es wahrhaben wollte oder nicht: Er war eine imposante Erscheinung, dunkelhaarig und einen Kopf größer als sie. Es verwunderte sie nicht, dass die Frauen ihm hinterherliefen. „Der soi aber nöd glaubn, dass i a auf eam fliag." Wahrheitswidrig redete sie sich solches ein, denn in Wirklichkeit war sie verliebt in ihn und wollte gerne mit ihm zusammen sein. Jetzt war ihr dieses glasklar geworden.

Gertraud und Johann trafen sich im Sommer wieder. Es war auf einem Tanzfest in Burglengenfeld. Diesmal ließ Berthold sie nicht mehr los, tanzte nur mit ihr und sprach abermals von Heirat. „Mia ghört jetzt d'Metzgerei alloa und i brauch dringend a Frau. Dich wui i hom und koa andre." Gertrauds Knie wurden weich. Hartnäckig war er, das musste sie ihm zugestehen. Aber war es ihm wirklich ernst mit dem Antrag? Gertraud schwankte zwischen Glauben und Zweifeln, sagte dann aber zu ihm: „Muasst scho d'Muatta bittn, dassd' mi heiratn derfst." Etwas konsterniert sah er sie an. „Warum dös? I hob no nia davo ghört, dass ma ebban fragn soi. I wui doch nöd d'Muatta, i wui 's Deandl heiratn." „Bei uns is dös so Brauch. Wennst mi hom wuist, muasst d'Muatta fragn. Ohne an Segn vo ihra tat i nöd ja sagn." Berthold schaute beleidigt drein, fasste sich dann aber. „Meinetwegn. Nachat kimm i hoid znachst bei enk vorbei." Als Gertraud nach Hause ging, kamen ihr wieder erhebliche Zweifel an Bertholds Rechtschaffenheit.

Der Heiratsantrag

Es dauerte bis August 1921, dann sprach Berthold mit Gertrauds Mutter. Diese hatte grundsätzlich nichts dagegen einzuwenden, ihm ihre Tochter zur Frau zu geben, stellte aber die Bedingung, dass auch seine Eltern einer Eheschließung zustimmen mussten. Nach der Abmachung mit Gertrauds Mutter galt eine baldige Verehelichung als beschlossen. Berthold erachtete es daraufhin als legitim, bei Gertraud den Beischlaf einzufordern. Immer noch zweifelnd darüber, ob nicht alles lediglich eine vorbedachte Finte seitens Bertholds sei, nur um sie besitzen zu können, erfand Gertraud eine Ausrede nach der anderen, um das hinauszuzögern.

Gertraud war allein zu Hause, als Berthold unverhofft auftauchte. Die Gelegenheit nutzend, endlich ans Ziel seiner Begierde zu gelangen, nahm er die in Liebesdingen noch Unerfahrene in seine kräftigen Arme und fing an, mit ihr zu schmusen. Als Berthold ihre vollen, runden Brüste betastete, fing sie an zu zittern und den Atem schien es ihr zu nehmen, als er seinen Mund auf ihren presste. Um sie herum begann alles zu schwanken und zu verschwinden. Auf die Ottomane in der Wohnstube gedrängt, war es ihr unmöglich, auch nur den Kopf beiseite zu wenden. Als Gertraud sich eben dazu entschlossen hatte, ihn gewähren zu lassen, da ließ Berthold von ihr ab. „Warum zierstn dich so? Bist denn wirkli no a Jungfer?" Schamhaft senkte sie den Kopf. „Ja, und i möchts bleibn bis zur Hochzeitsnacht." In Bertholds Augen lag lüsternes Verlangen. Dennoch gab er klein bei, meinte aber ziemlich erbost: „Du wuist zuawartn bis zur Hochzeitsnacht. I aber kauf koa Katz ön Sack." Gertraud hatte ihre Schwäche überwunden und blieb standhaft. „Was dann, wennst dein Gspass ghabt hosd und mi dann sitzn lasst? Oder wenn i schwanger werat? Nachand stand i sauber da. Na, na. Muasst die Zeit scho abwartn könna. Schickst di hoid mitm Hochzeitmacha." Abermals kam es zur bitteren Trennung. Gertraud weinte hemmungslos.

Berthold führte sein gewohntes Lotterleben weiter. Als er sich bei anderen Frauen ausgelebt hatte und ihrer überdrüssig geworden war, erinnerte er sich wieder an Gertraud. Es wollte ihm nicht in den Kopf hinein, dass er es nicht fertig gebracht hatte, sie herumzukriegen. Im Frühjahr 1922 wagte er bei Gertraud einen neuen Anlauf. Sein Besuch bei ihr war zwar nicht mehr erwartet, aber doch willkommen. Das lange Fernbleiben versuchte er mit hässlichen Lügen zu erklären. Weil sie es mit anderen Männern treibe, hätten die Leute schlecht über sie geredet und das sei auch seinen Eltern zu Ohren gekommen. „I derf dich nöd heiratn, weilst nix hosd und weilst a Luder bist, hod mei Muatta gsagt. Mia is dös aber egal, wos andre sagn. Du bist ma wichtig und i wui di endli hom." Gertraud fühlte sich geschmeichelt, glaubte seinen Lügen und ließ sich umgarnen. Noch in derselben Nacht durfte Berthold in ihre Kammer und sie schenkte ihm die so lange gehütete und verteidigte Jungfernschaft. Berthold aber hatte ihr dabei wehgetan. Behutsamkeit und Einfühlungsvermögen waren ihm in seiner Unersättlichkeit fremd. Gertraud ertrug die ihr zugefügten Schmerzen, ohne zu jammern, fand diese Art der Vereinigung aber widerwärtig und abstoßend. Um ihn aber nicht mehr zu verlieren, erfüllte sie ihm seine sexuellen Wünsche. Von nun an trafen sich die beiden oft – in Gertrauds Kammer oder im kleinen Wäldchen bei Birkhof –, und je öfter sie sich liebten, desto mehr fand auch Gertraud Gefallen daran.

Gertraud wird schwanger

Im Juni 1922 wurde Gertraud schwanger. Als sie dieses Berthold eröffnete, war seine zynische Antwort: „Dös geht mi nix o. Vo mir kann dös Kind nöd sein. Hosd as ja gnua mit andre triebn, wias d'Leit gsagt ham. Aba denkda nix. Treibst den Bankertn einfach ab. Du wirst as doch eisehng, dass i di nimmer heiratn kann. Ois angsehner Metzga und Gschäftsmo vo Burglengafoid kann i koa Eheweib nehma, die vo am andern an Schrazn hod." Für Gertraud brach eine Welt zusammen. „Du machst dirs aba einfach. Valangst vo mir, i soit abtreibn lassn. Obwoist woaßt, dassd' nur du da Vata vom Kind sein kannst. Nöd i hobs mit andre triebn, du hosd andre Weiber ghabt und i hobs dir vaziehn, weilst mei erste und mei große Liab bist. Du aba schamst di nöd, vo mir schlecht zredn. Sag, magst mi denn gar nöd?" Gertraud konnte die Tränen nicht mehr zurückhalten, weinte bitterlich und kniete sich vor ihm nieder. Seine Beine fest umklammernd, als suche sie Halt, bettelte sie: „Lass mi nöd in der Schand sitzn, i bitt gar schö." Jetzt, wo sie diesen Mann über alle Maßen und mit allen Fasern ihres Herzens liebte, sich so sehr darauf gefreut hatte, mit ihm und dem zu erwartenden Kind zusammen eine Familie zu begründen, jetzt zeigte er seinen wahren Charakter. Er war ein abgefeimter Schurke, der sie nicht mochte, nie gemocht hatte. Dem es lediglich darum gegangen war, sie rumzukriegen und zu entwürdigen. Sie beschloss, das Kind trotzdem zu bekommen.

Am 20. März 1923 setzten bei Gertraud die Wehen ein. Mehr als zwölf Stunden dauerte die Geburt, dann gab ein strammer Bub seinen ersten Laut von sich. Schwach, aber mit freudig glänzenden Augen sah sie auf das kleine Wesen, das sie eben geboren hatte. Wenn Berthold bloß da wäre und seinen Buben sehen könnte. Gertrauds Gedanken kreisten um den Kindsvater, der sie so schmählich hintergangen hatte, und, so schien es, jetzt gänzlich im Stich lassen werde.

Johann Berthold verweigerte die Anerkennung der Vaterschaft und zahlte zunächst keinen Unterhalt. Es kam zur gerichtlichen Vaterschaftsfeststellung und zur Zahlungsfestsetzung der Alimente. Berthold konnte sich der Alimenteverpflichtung nicht entziehen, zahlte bis September 1923 die festgelegten Unterhaltsbeträge und stellte danach jegliche Zuwendung ein.

Bertholds Vater hatte ihm eine betuchte Bauerntochter zugedacht und gefordert, mit dieser alsbald in den Ehestand einzutreten. Ob der Sohn damit einverstanden war, eine Frau zu ehelichen, die er noch nie gesehen hatte, war unerheblich. Das einzig Wesentliche war, dass sich die Väter der angehenden Brautleute über die Mitgift einig geworden waren. Danach, ob die Betroffenen sich liebten und sich zugetan waren, wurde nicht gefragt. Mit der Liebe hatte es damals seine eigene Bewandtnis. Man schaute aufs „Sach", die Liebe war nicht so wichtig. Entweder man vertrug sich miteinander oder auch nicht.

Das Kind steht im Weg

Johann Berthold lehnte sich nicht auf gegen die Heiratspläne seines Vaters. Als er eines Tages mit dem Mädchen, das er ehelichen sollte, zusammentraf, war er von ihr angenehm überrascht. Sie hatte ein angenehmes Wesen, übte Zurückhaltung und zeigte Berthold sogleich offene Zuneigung. Ihn aber interessierte in erster Linie ihr Geld. Und sie hatte viel Geld, das lockte. Einer baldigen Heirat mit dem reichen Mädchen standen aber sein Kind und die von der Kindsmutter eingeklagten Unterhaltszahlungen im Wege. Um dieses unangenehme Problem zu lösen, musste etwas geschehen. Schwer in der Bredouille reifte in Berthold der Entschluss, Alfred Reindl, seinen zwei Jahre alten Sohn, zu töten. Auf einen Schlag wäre er ein unerwünschtes Anhängsel und die Alimentenzahlung los. Um aber unverfänglich an das Kind heranzukommen, musste er mit Gertraud wieder in Verbindung treten.

Trotz seines gemeinen Verhaltens übte diese wiederum verzeihende Nachsicht, weil sie in ihrer gutgläubigen Einfalt noch immer damit rechnete, Berthold werde einlenken und sie heiraten. Hatten sie doch als verbindendes Faustpfand den gemeinsamen Sohn. Gertraud versuchte, den Vater des Kindes enger an sich zu binden und einen allerletzten Bruch mit ihm zu vermeiden. Deshalb verweigerte sie sich nicht, als er mit ihr ins Bett steigen wollte. Sie nahmen ihre Liebesbeziehung wieder auf und trafen sich heimlich in ihrem vormaligen Liebesnest im Wäldchen bei Birkhof oder in Gertrauds Kammer. Nach einiger Zeit war Berthold das Heimlichtun aber leid. Er zog sich von Gertraud zurück und widmete seine Aufmerksamkeit wieder ausschließlich seinem angehenden Eheweib.

Berthold hatte zu seinem Kind keine Beziehung gefunden. Sobald er nach Loisnitz gekommen war, hängte sich der Knabe ängstlich an Mutters Rockzipfel oder lief zur Großmutter, die den Enkel abgöttisch liebte und verhätschelte. In der vom Kind ihm gegenüber eingenommenen Abwehrhaltung sah Berthold das Hauptproblem bei der Ausführung seines grausamen Vorhabens. Er musste nur an den Buben herankommen und einige Zeit mit ihm alleine sein. Dazu brauchte er die Hilfe Gertrauds und er würde sich diese auf vorsichtige Weise verschaffen. Dass er das Kind auf eine Weise beseitigen müsste, dass niemand auf Mord kam, darüber war er sich klar geworden. Nur wann und wo seine schreckliche Tat geschehen solle, diese Frage galt es noch abzuklären.

Der Mordplan reift

In der Ausführung seines Planes, das Kind Alfred umzubringen, ging er mit äußerster Überlegung und ruhiger, kaltblütiger Verstandesmäßigkeit vor. Er vereinbarte mit Gertraud für Sonntag, den 7. Juni 1925, eine Zusammenkunft im Wäldchen bei Birkhof und bat sie darum, den Buben mitzubringen. Es sei an der Zeit, mit dem Kind in engere Verbindung zu kommen und das ließe sich gewiss eher draußen im Wald bewerkstelligen, als daheim in der Wohnstube. Ohne Argwohn und zuverlässig zur verabredeten Zeit war Gertraud zur Stelle. Als Berthold hinzukam, versteckte sich der Junge sogleich hinter dem Rücken der Mutter. Er ängstigte sich vor allen Leuten, die nicht ständig in seiner Nähe waren.

Berthold fasste das Kind an der Hand, steckte ihm Schokolade, Kekse und Bonbons zu und versuchte so, Zugang zu dem Kleinen zu finden. Zärtlichkeit vorgaukelnd, strich er ihm übers Haar, nahm ihn auf den Arm und sagte zu Gertraud: „Damit der Fredl sich an mich gwöhnt, geh i mit eam a wengerl ön Woid eini. Mia kemma boid wieda zruck." Der Knabe wehrte sich zuerst, ließ sich dann aber doch in den Wald hineintragen, nachdem ihm Gertraud gut zugesprochen hatte. Sie setzte sich derweil ins Moos und war selig, dass Berthold endlich daran ging, sich um den Buben zu kümmern. Dieser indes trat mit dem Büblein in ein Gebüsch und presste dessen kleinen Körper gewaltsam so fest zusammen, dass ihm die Luft wegblieb. Als Berthold mit dem Kind zu Gertraud zurückkam, streckte es die Hände nach der Mutter aus und sagte weinend: „Papa mi fest drucka." Sie fragte: „Wos is los? Wos soi dös? Hosd am Kind wos getan?" Berthold lachte: „Da Bengl is hoid nöd gwohnt, dass man fest an sich druckt und lieb hod." Sie gab sich mit dieser Antwort zufrieden, säuberte den Kleinen und trat mit ihm den Heimweg an. Unterwegs musste sich der Junge übergeben und er klagte, die Hände auf die Brust legend: „Papa fest drucka, duad so weh." Heimgekommen, zog Gertraud das Kind aus und stellte ein paar leichte Druckstellen auf dem Körper des Kindes fest. „Er wirdn vor Freud hoid a bisserl z'stark an sich druckt hom." Sie lächelte und Glück strahlte ihr aus den Augen.

Anderntags erschien Berthold wieder bei Gertraud und erkundigte sich nach dem Befinden des Kindes. „Woast, dös gestern war no nöd 's Richtige gwen mit dem Bürscherl", sagte er. „Mia müassn uns do no öfter zammafindn, dass da Bua soiba zu mir hergeht." Sie verabredeten sich für den 11. Juni, den Fronleichnamsfeiertag, für dieselbe Zeit am gleichen Ort.

Gertraud war am Vormittag bei der Fronleichnamsprozession mitgegangen und hatte zum Herrgott gebetet, er solle es richten, dass Berthold dem Buben ein guter Vater werde. Am Nachmittag fand sie sich mit dem Kind schon früher als abgemacht am Wäldchen ein und pflückte mit ihm ein paar Blumen, als Berthold ankam. Wie am vorausgegangenen Sonntag suchte er durch geheucheltes Liebkosen und Scherzen das Vertrauen des Kleinen zu gewinnen. Fredl, wie sie ihn nannten, wehrte sich aber gegen jede Annäherung von Berthold mit den Worten: „Mama, nöd Papa gehn, Papa mi druckn." Da riss Berthold den Buben an sich, nahm ihn auf den Arm und sagte zur verdutzten Gertraud: „Mia genga wieda ön Woid eini. An Buam hods dortn 's letzt Moi guat gfoin. Brauchst um nixn bekümmert sein." Diesmal ging Berthold mit dem Kind tiefer in den Wald hinein und sah die Zeit gekommen, zur Tat zu schreiten. Mit herzloser Grausamkeit machte er sich daran, das Leben des ihm im Wege stehenden Kindes auszulöschen. Als er glaubte, das blass und röchelnd auf dem Boden liegende Kind liege im Sterben, pfiff er und rief Gertraud herbei. Als die das Kind vor sich sah, schrie sie auf: „Wos is passiert? Sag, hosd eam wos getan?" Sie hob das geliebte Söhnchen auf und trug es zum nahen Birkhof, suchte dort Hilfe. In einen schockähnlichen Zustand gefallen, hatte sie nicht bemerkt, ein sterbendes Kind in den Armen gehalten zu haben. Ehe der herbeigerufene Arzt auf dem Birkhof eintraf, war der zweijährige Junge Alfred Reindl tot. Berthold beteuerte, mit dem Kind auf dem Arm über eine Baumwurzel gestolpert und beim Sturz mit dem ganzen Körper auf das Kind gefallen zu sein. Bei dem Unfall müsse es sich die zum Tod führenden Verletzungen zugezogen haben. Dem Leichenschauer erschien diese Aussage fragwürdig und er veranlasste eine gerichtliche Leichenöffnung. Dem Gerichtsmediziner waren bei all den Obduktionen in seinen langen Berufsjahren noch nie so schwere innere Verletzungen untergekommen, wie sie diese Kindsleiche aufwies. Drei gebrochene Rippen, Milz und Bauchspeicheldrüse zerrissen, Rippen-, Lungen- und Zwerchfell ein- und der obere Dickdarmteil losgerissen, Magenwandung und gequetschte Nieren hatten eine tödliche Verblutung und Aussetzung der Organtätigkeiten bewirkt. Diese Verletzungen konnten nie und nimmer von einem Unfall, wie ihn der Kindsvater geschildert hatte, herrühren.

Johann Berthold war in den Verdacht geraten, Verursacher des Kindstodes gewesen zu sein. Gertraud fiel es wie Schuppen von den Augen, als sie daran dachte, was das Kind auf dem Heimweg am vergangenen Sonntag zu ihr gesagt hatte. Jetzt stand für sie fest, schon da hatte Berthold versucht, das Kind zu töten, erst jetzt, am 11. Juni, war ihm dies gelungen. Sie wusste auch, warum er es getan hatte: Das Kind und die Unterhaltszahlungen standen seiner bevorstehenden Heirat im Wege. Gertraud sagte ihm dieses auf den Kopf zu und gab es bei der Gendarmerie auch zur Niederschrift. Berthold wurde wegen Mordverdachts festgenommen.

Lange leugnete Berthold, Hand an das Kind gelegt zu haben. Als ihm seine Unfallversion vom gerichtlichen Sachverständigen widerlegt wurde, gestand er: „Ja, es ist richtig. Ich habe das Kind getötet, weil es meinen Heiratsplänen im Wege stand. Nachdem ich mit dem Buben im Wald drinnen war, legte ich ihn mit dem Rücken auf den Waldboden, drückte, presste und walkte ihn mit Händen, Füßen, Ellbogen und den Knien circa eine Viertelstunde lang, bis ich annehmen durfte, er sei tot. Dann rief ich seine Mutter und sagte ihr, dass ich mit dem Kind einen Unfall hatte.“

In der Hauptverhandlung widerrief er zunächst sein Geständnis und erdreistete sich zur Behauptung, die eigene Mutter habe dem Kind die tödlichen Verletzungen zugefügt, weil es ihr ein Klotz am Bein und hinderlich gewesen sei, ihrem unsoliden Lebenswandel zu frönen. Diese Aussage wertete das Gericht als törichte Schutzbehauptung, denn durch Zeugenaussagen war nachgewiesen, dass Gertraud Reindl außer mit Berthold keine weitere Intimbeziehung gehabt hatte. Und, fragte der Gerichtsvorsitzende, warum sollte eine Mutter das Produkt einer Leidenschaft, das es aufopfernd gepflegt und behütet hatte, töten, um ihr eigenes junges Leben zu zerstören?

Bertholds Anwalt baute seine Verteidigung darauf auf, sein Mandant habe die Tat in einem hysterischen Anfall im Affekt begangen. Es könne deshalb nur Totschlag, nicht aber Mord vorliegen. Das Gericht widersprach dem und führte wörtlich aus: „Hätte der Angeklagte in einer plötzlichen Aufwallung das Kind erstochen, erschossen, in einen Fluss geworfen, auf einem Felsen gesteinigt oder dergleichen, hätte bei entsprechender Sachlage unter Umständen eine Affekthandlung in Frage kommen können. Die Ausführungsart der Tötung – ein auf tierische Weise langsames zu Tode quälen unter möglichster Vermeidung aller äußeren zur etwaigen Entdeckung führenden Merkmale, konnte nur mit ruhiger Überlegung und mit kaltem Blute vorgenommen werden. Ein Erregungszustand wäre längst verraucht gewesen. Die „Probe“ vom Sonntag zuvor, das Herauslocken des Kindes, die ganze Inszenierung trägt die Spuren ruhiger Abwägung und kalter Berechnung nicht nur bei der Entschlussfassung, sondern auch im Zeitpunkt der Tatausführung, die in ihrer nicht zu übertreffenden Perversion an dem Ort geschah, wo das Kind gezeugt worden ist."

Das Schwurgericht beim Landgericht Regensburg, besetzt mit drei Berufsrichtern und sechs Geschworenen, diese zusammengesetzt aus Bürgern von Regensburg, verurteilte in der Sitzung am Mittwoch, dem 7. Oktober 1925, den am 3. Dezember 1892 in Burglengenfeld geborenen ledigen Metzger Johann Berthold wegen Mordes zur Todesstrafe.

Die vom Strafverteidiger am 13. Oktober 1925 beim Reichsgericht in Leipzig eingelegte Revision wurde am 17. November als unbegründet verworfen, ein Gnadengesuch an den Bayerischen Ministerrat wurde am 21. Dezember 1925 abgelehnt. Damit war das Todesurteil rechtskräftig.

Die Staatsanwaltschaft Regensburg ließ am 22. Dezember 1925 über die Gendarmeriestation Burglengenfeld bei den Angehörigen Bertholds anfragen, ob diese nach der Hinrichtung den Leichnam zu einer einfachen und ohne Feierlichkeiten vorzunehmenden Beerdigung haben wollten. Daraufhin berichtete die Gendarmerie wörtlich:

„Der Vater des Verurteilten gab bei der Befragung an, die Hohen Herren, die seinen Sohn dieses Kindes wegen zum Tode verurteilt haben, können mit dem Leichnam machen, was sie wollen. Sie können ihn seinetwegen auch fressen. Er verweigerte jede Unterschrift über die Verwendung des Leichnams. Die Mutter des Verurteilten dagegen unterschrieb eine Erklärung (diese liegt an), dass sie den Leichnam ihres Sohnes zu einer einfachen, ohne Feierlichkeiten vorzunehmenden Beerdigung ausgehändigt haben will. Außerdem hegte die Mutter den Wunsch, die Vollstreckung möge erst nach den Weihnachtsfeiertagen geschehen."

Dem Wunsche wurde entsprochen, die Hinrichtung erfolgte am 29. Dezember 1925, früh um 7.35 Uhr, im Hofe des Landgerichtsgefängnisses Regensburg durch den Nachrichter Johann Reichhart mit dem Fallbeil. Der Urteilsvollstreckung durften neben dem Gerichtspersonal zwölf vom Regensburger Stadtrat bestimmte Bürger aus öffentlichen Ämtern, Behörden und verschiedenen Berufszweigen sowie ein vom Stadtpfarramt St. Emmeram in Regensburg abgeordneter Geistlicher beiwohnen.

Das Ende eines Triebtäters

Die Huber Anna ist tot

Das Dorf war in heller Aufregung. „D'Huaba Annamirl is heit Nacht umbracht worn." Eine Nachbarin hatte die Getötete im Schlafraum ihrer Wohnung am Fußboden liegend aufgefunden. Sobald sich Leute des Ortes trafen, drehte sich das Gespräch ausschließlich um den Mord und das Tatmotiv. Wem hatte die 84-jährige Anna Maria Huber, eine hilfsbedürftige und bedauernswerte Person, etwas angetan, dass sie deswegen gewaltsam sterben musste? War etwa gar ein Lustmörder über sie hergefallen? Die Gerüchteküche brodelte.

Niederumelsdorf, südöstlich von Siegenburg, war wegen des grausigen Verbrechens über Nacht in den Mittelpunkt öffentlichen Interesses und in die Schlagzeilen der Presse gerückt, die sich ausführlich mit dem Mordgeschehen befasste.

Die Ermordete, am 2. Oktober 1841 in Biburg bei Abensberg als Anna Maria Gammel geboren, war zweimal verheiratet und lebte zuletzt als Söldnerswitwe verarmt im „Ausnahmshaus" des ehemaligen Bauernanwesens ihrer Tochter Franziska. Nachdem diese das Anwesen veräußert hatte, kaufte sich die Huber beim neuen Besitzer ins Austragshäusl ein und erwarb dadurch das Wohn- und Bleiberecht auf Lebenszeit. Annamirl, wie sie landläufig genannt wurde, war mit beiden Füßen fest im Arbeitsleben gestanden. Fleißig, zuverlässig und sparsam zu Wohlstand gekommen, verlor sie durch die Inflation 1923 ihr bescheidenes Vermögen. In Armut geraten, lebte sie danach überwiegend von der Mildtätigkeit anderer Leute. Bis kurz vor ihrem Tod besuchte sie noch täglich um 6 Uhr morgens die heilige Messe in der Ortskirche und hatte keine wesentlichen gesundheitlichen Probleme. Am 23. September 1925 stürzte sie in der Wohnung und verletzte sich an der linken Körperseite so schwer, dass sie nicht mehr fähig war, sich allein aus- und anzukleiden. Um am Abend ins Bett zu steigen und am Morgen aufstehen zu können, benötigte sie Hilfe. Diese erhielt sie von der Nachbarin, der Bürgermeistersfrau Zausinger, die sich in der Betreuung mit ihrer Tochter abwechselte. So wurde die Tote frühzeitig aufgefunden und das Verbrechen entdeckt.

Den herbeigerufenen Beamten der Gendarmeriestation Siegenburg bot sich am Tatort ein Bild des Grauens. Den Verletzungen nach zu urteilen, war die Huber Opfer eines Sexualmordes. Der Kommandant der örtlichen Gendarmerie hatte in seinen vielen Berufsjahren manch' Absonderliches erlebt. Ein so schrecklicher Mordfall war ihm jedoch noch nicht untergekommen. Wer mochte es gewesen sein, der das Leben der alten Frau auf so brutale Weise beendet hatte?

Nach einiger Überlegung erinnerte sich der Beamte an einen Mann, gegen den er wegen des Verdachtes auf Sexualdelikte vor einigen Jahren mehrere Male ermittelt und der wegen dieser Vorfälle auch vor Gericht gestanden hatte. Ihm fiel der Name ein: Josef Sachsenhauser, ein Dachschindelmacher aus Niederumelsdorf. In ihm sah er die dringend tatverdächtige Zielperson für die anlaufenden Ermittlungen.

Die Sehnsüchte des Josef Sachsenhauser

Josef Sachsenhauser, geboren am 5. Mai 1882 in Niederumelsdorf, Sohn ortsansässiger Gütlerseheleute, verlor im Alter von zwei Jahren als Folge einer Typhuserkrankung das Augenlicht. Nach einer Operation am linken Auge konnte sein Sehvermögen so weit wiederhergestellt werden, dass er sich weitgehend ohne fremde Hilfe zurechtfand, auf dem rechten Auge blieb er blind. Daran änderte sich fortan nichts mehr. Wegen dieser großen Behinderung war dem Kind der Besuch eines regulären Schulunterrichts am Ort verwehrt. Im neunten Lebensjahr nahm ihn die Kinder-Landesblindenanstalt in München auf. Dort ausgebildet in Blindenschrift, Lesen und Rechnen, blieb er dennoch ein Analphabet, der im späteren Leben auf Schriftstücke drei Kreuze als persönliche Unterschrift setzte. 20-jährig als „Halbblinder" und mit Kenntnissen in der Korbmacherei entlassen, bescheinigte ihm die Anstaltsleitung ein „freundliches und dienstgefälliges Wesen gegenüber jedermann" und fügte hinzu, dass im Institut bei dem Zögling „keine Neigung zu Bosheit oder Heimtücke" erkennbar war.

Aus der Blindenanstalt nach Niederumelsdorf heimgekehrt, nahm ihn sein Bruder Martin in seinen Haushalt auf dem elterlichen Anwesen auf und brachte ihm das Dachschindelmachen bei. Neben freier Kost und Logis bezahlte ihm Martin einen den Bedürfnissen angepassten Wochenlohn, sodass er ordentlich und auskömmlich versorgt war. Trotz seines eingeschränkten Sehvermögens führte er ein selbständiges Leben, besuchte auch andere Ortschaften und Gasthäuser.

Aber nachts, wenn alles ruhig war und er hörte, wie sein Bruder und dessen Frau sich liebten, fühlte er sich einsam und sehnte sich nach dem warmen Körper einer Frau.

Einen ersten Annäherungsversuch wagte Sachsenhauser im Frühjahr 1908 bei einer 35-jährigen Hirtentochter. Er forderte sie kurzerhand zum Geschlechtsverkehr auf. Das Ansinnen löste bei Maria Scholl Heiterkeit und höhnisches Gelächter aus. „Wos mächatst du? Bist du damisch? So greißli bin i denerscht nöd, dass i koan andern kriagat ois an Stockblindn." Ärgerlich sagte er daraufhin: „Mächatst mit mia, wenn ma heiratn tatn?" „Du mi heiratn? Da lachatn ja d'Fisch, und d'Flöh tatn huastn. I brauch a Mannsbuid und koan Krüppl. Wennst unbedingt a Weiberts hom muasst, suach da a andere, oder no besser: Mach das soim. Ön Heim z'Minga drinn wirstas do glernt hom." „Du Hurnweiberts", schrie er sie an und griff nach ihr. Nur mit Mühe konnte sie sich von ihm losreißen und weglaufen.

Sachsenhauser verwand es nicht, dass ihm die Scholl solche Gehässigkeiten und Gemeinheiten an den Kopf geworfen hatte. Tief gekränkt beschloss er, sich an allen Weibern, egal ob jung oder alt, zu rächen.

Erste Gewalttaten

Im Wald in der Gemeindeflur Wildenberg, unweit der Distriktstraße Wildenberg-Rottenburg, begegnete Sachsenhauser in den Nachmittagsstunden des 29. Juli 1908 einer 73-jährigen Armenhäuslerin. Freundlich grüßte ihn diese und fragte, wohin des Weges er sei. Stumm trat er auf die Frau zu, warf sie zu Boden und würgte mit beiden Händen ihren Hals. Auf ihr liegend, entblößte er sich und keuchte: „Aitzand pack i di." Eva Kleindorfer wehrte sich nach Leibeskräften und begann, um Hilfe zu schreien. Es gelang ihr, den Wüstling zu verunsichern und ihm glaubhaft zu machen, dass noch Leute aus dem Dorf zum Holzsammeln kämen, er solle besser vorher verschwinden. Später, in der Gerichtsverhandlung, verwickelte sich die alte Frau bei der Tatschilderung in gravierende Widersprüche und verlor bei den Richtern an Glaubwürdigkeit. Der Verteidiger Sachsenhausers erwirkte, dass der Angeklagte wegen mangelnden Schuldnachweises vom Vorwurf der versuchten Notzucht freigesprochen wurde.

Am 27. Juni 1914 stand Sachsenhauser als Angeklagter wegen Mordversuchs vor dem Schwurgericht Amberg. Ihm war angelastet, es am Ostersonntag, dem 13. April 1914, unternommen zu haben, die 38 Jahre alte Gütlersfrau Walburga Lanzl in Niederumelsdorf zu töten. Gegen diese Person hegte er einen ungebändigten Zorn, seit sie seine Annäherungsversuche ebenfalls brüsk zurückgewiesen hatte. Um 22 Uhr abends verschaffte er sich Zugang zum Anwesen Lanzl. Als Walburga ihm die Haustüre öffnete, fiel er sogleich über sie her. Die kräftige Frau schlug ihm ins Gesicht und es begann zwischen ihnen eine Rangelei, bei der sie hinfielen. Beim Aufschlagen auf den Boden verletzte sich Walburga am Hinterkopf und verlor das Bewusstsein. Sachsenhauser kniete sich auf die Ohnmächtige und drosselte sie so lange, bis er meinte, kein Lebenszeichen mehr bei ihr zu spüren. In der Annahme, Walburga sei tot, verließ Sachsenhauser das Anwesen. Jegliche Tötungsabsicht bestreitend, räumte er in der Gerichtsverhandlung ein, in hohem Maße betrunken gewesen zu sein, als er zum Anwesen Lanzl kam. Der Walburga habe er lediglich „ein paar hinaufhauen" wollen. Dass er sie auch gewürgt hatte, das sei ihm nicht erinnerlich. Der mit Stimmenmehrheit getroffene Geschworenenspruch rettete in davor, wegen Mord- oder Totschlagversuchs verurteilt zu werden. Wegen gefährlicher Körperverletzung bekam er fünf Monate Gefängnis.

Im Frühsommer 1916 führte die Gendarmerie gegen Sachsenhauser wieder Ermittlungen, weil er angezeigt worden war, drei Jahre zuvor in einem Gehölz zwischen Ludmansdorf und Train der hochschwangeren Frau eines Forstarbeiters nachgestellt und sie sittlich belästigt zu haben. Da die Frau inzwischen verstorben war und Tatzeugen fehlten, wurde ein gerichtliches Verfahren erst gar nicht eröffnet.

Ein weiteres und letztes Ermittlungsverfahren wegen des dringenden Verdachts eines Sittlichkeitsdeliktes wurde im Jahre 1923 gegen Sachsenhauser geführt. Am 30. April wollte er in die Schlafstube einer 47 Jahre alten Frau in Oberumelsdorf gelangen, deren Mann, ein Holzschuhmacher, im Zuchthaus Kaisheim eine mehrjährige Strafe verbüßte. Weil auf sein Klopfen am Fenster niemand öffnete, schlug er drei Scheiben ein und riss den Fensterstock heraus. Katharina Zeilbeck war zu diesem Zeitpunkt außer Haus, kam aber just in dem Moment hinzu, als Sachsenhauser angefangen hatte, seinem Zerstörungsdrang freien Lauf zu lassen. Über das unerwartete Auftreten der Frau erschreckt, rannte er fort und legte sich in der Nähe des Hauses in eine Wiese. Katharina verfolgte den Übeltäter in der Absicht, ihn zu stellen und Geld für den angerichteten Schaden zu fordern. Als sie in seine Nähe kam, sprang Sachsenhauser hoch, fasste die völlig überraschte Frau, umklammerte ihre Taille und herrschte sie an: „Kimm her da, leng ma uns auf d'Wiesn und deamas." Mit einem Kniestoß in seine empfindlichste Stelle befreite sie sich und lief ins Haus zurück.

Mit einem großen Schlachtermesser wartete Katharina darauf, dass Sachsenhauser nochmals komme. „I hättn gstocha, wenna nomoi kemma warat", sagte die resolute Zeilbeckin zum Gendarmeriebeamten, der sie zum Vorfall befragt hatte. Wiederum vermochte Sachsenhauser sein Verhalten damit zu entschuldigen, stockbetrunken gewesen zu sein und von nichts zu wissen. Dieses und ein wegen seiner Blindheit offensichtlich zugestandener „Gnaden"-Bonus bewogen die Staatsanwaltschaft, nur den Straftatbestand einer Sachbeschädigung anzunehmen. Sie stellte das Verfahren ein, nachdem Sachsenhauser sich bereit erklärt hatte, den Schaden zu bezahlen.

Der Mörder gesteht

Nachdenklich stand der Gendarmeriestations-Kommandant vor der Leiche. Er hatte die Tote gut gekannt, war ihr in den Jahren, seit er in Siegenburg Dienst tat, bei seinen Dienstgängen oft begegnet. Er unterhielt sich gern mit ihr und sie hatte ihn immer mit ihrem Humor und ihrer Schlagfertigkeit beeindruckt. Er legte eine Decke über den Leichnam und wartete auf die Gerichtskommission: Amtsrichter Hartung aus Abensberg mit seinem Gerichtsschreiber. Sie trafen fast gleichzeitig mit dem Regensburger Landgerichtsarzt am Tatort ein, um die Todesursache zu untersuchen. Die Feststellungen des Arztes waren eindeutig: Anna Maria Huber starb durch Verbluten nach zahlreichen Messerstichen!

Josef Sachsenhauser war inzwischen festgenommen worden. Vor dem Untersuchungsrichter gestand er unumwunden, die fürchterliche Tat verübt zu haben.

Am Sonntag, dem 27. September 1925, war Sachsenhauser zusammen mit seinem Bruder Martin auf der Ortskirchweih in Pürkwang. Während sich Martin nur wenige Stunden in der Dorfwirtschaft aufhielt, zechte Josef weiter bis gegen 19 Uhr abends und trank insgesamt zehn Halbe Bier. Danach ging er zurück nach Niederumelsdorf. Beim Dorfwirt traf er wieder auf seinen Bruder. Obwohl mit Bier abgefüllt bis zur Halskrause, schenkte er sich nochmals zwei Halbe ein. Gegen 20 Uhr verließen die beiden Brüder das Gasthaus. Nach einer Abendmahlzeit, die von Martins Frau zubereitet worden war, begab sich Josef in seine Dachkammer hinauf. Er zählte seine noch verbliebenen Geldreserven, legte den Sonntagsanzug ab und zog eine Werktagshose an. Um diese Zeit schon schlafen zu gehen, danach war ihm nicht zumute. In die Taschen der Wochentagshose steckte er den Geldbeutel und ein Schnappmesser, das er ständig bei sich trug. Auf der Bettkante sitzend, dachte er darüber nach, wie schön es wäre, mit einer Frau zusammen zu sein. Der Gedanke erregte ihn und er entschloss sich, die ihm von Jugend an bekannte 84-jährige Annamirl Huber aufzusuchen, um seine Wollust zu befriedigen. Um von niemandem gehört zu werden, schlich er in Socken die Stiege hinunter, schlüpfte unten in seine Pantoffeln und verließ unbemerkt das Haus. Eilig überquerte er die Straße, um auf der gegenüberliegenden Seite in das 200 Meter entfernte Austragshäusl der Huber einzudringen. Er wusste, die Annamirl schlief in einer Bettnische in der Küche, die zugleich Wohn- und Schlafstube war. Anna Maria Huber schlief tief und fest, sie merkte zunächst nicht, dass eine fremde Person an ihrem Bett stand. Aufgewacht, als Sachsenhauser sie an den Hals fasste und die Kehle zudrückte, stieß sie gegen seine Brust. Wutentbrannt zerrte er die Frau aus dem Bett, warf sie mit dem Rücken auf den Boden und versuchte, ihr Gewalt anzutun. Ihr Schreien unterdrückte der Unhold, indem er sie würgte. Er hielt sie für tot und wollte sich an ihr vergehen.

Anna Maria Huber aber begann zu röcheln. Sachsenhauser geriet in Rage, zückte sein Schnappmesser, stach ihr wahllos in den Hals und betastete die Schwerverletzte, was ihn weiter erregte. Wie im Blutrausch stach er weiter auf sie ein und zerfetzte ihren Leichnam. Erst jetzt war Sachsenhausers krankes Sexualbegehren gestillt. Auf dem Weg, den er gekommen war, kehrte er in seine Schlafstube zurück.

Zunächst ins Amtsgerichtsgefängnis Abensberg eingeliefert, erklärte er dort dem Untersuchungsrichter auf die Frage, warum er die Huber erstochen habe: „Wia i 's Messer in da Hand ghoitn hob, hod a Stimm mia zuagflüstert, ‚Messer, tua dei Schuldigkeit.' Da bin i ganz daschrocka und hob denkt, ‚liaba Herrgott, jetzand is ois gfehlt.' Und nomoi hod disoim Stimm mia eigsagt, ‚schneid ihra d'Gurgl ab, die kann aso nöd sterbn.'"

Diesmal konnte Sachsenhauser seinen Kopf nicht mehr aus der Schlinge ziehen, für ihn gab es kein Pardon mehr. Amtsrichter Hartung vom Amtsgericht Abensberg erließ noch am 28. September 1925 gegen Sachsenhauser folgenden Haftbefehl:

Haftbefehl:

Sachsenhauser Josef, geb. am 5. Mai 1882 in Niederumelsdorf, led. Dachschindelmacher dortselbst

ist dringend verdächtig, einen Anderen vorsätzlich und rechtswidrig getötet und die Tat mit Überlegung ausgeführt zu haben, indem er am 27.IX.25 abends in dem Austragshause des Landwirts Georg Bergermeier in Niederumelsdorf die 84jährige Austragssöldnerin Anna Maria Huber vorsätzlich und rechtswidrig und mit Überlegung tötete.

Die Tat ist in § 211 des Strafgesetzbuches mit Strafe bedroht. Gemäß § 112 ff der Strafprozeßordnung wird hiermit angeordnet, daß der Genannte verhaftet bleibe.

Die Haft wird angeordnet, weil ein Verbrechen in Frage steht und bei der Höhe der zu erwartenden Strafe Fluchtgefahr gegeben erscheint.

Niederumelsdorf, den 28. September 1925

Amtsgericht Abensberg

Amtsrichter

Hartung

Urteil:

I. Sachsenhauser Josef, geb. 5. ... 1882 zu Niederummelsdorf, ... Sachsenhauser geb. Westermeier, ... in Niederummelsdorf, ... seit 28. ... 1925 hier in Untersuchungshaft, ... wegen ... des ... zur

Todesstrafe

verurteilt.

II. Dem Angeklagten werden die bürgerlichen Ehrenrechte auf Lebensdauer aberkannt.

III. Der Angeklagte hat die Kosten des Verfahrens & der Strafvollstreckung zu tragen.

IV. Die bis zur That benützte ... wird eingezogen.

9

Auszug aus dem Urteil vom 16. Dezember 1925 gegen Josef Sachsenhauser. Staatsarchiv Amberg. Bestand Landgericht Regensburg.

Das Schwurgericht am Landgericht in Regensburg verurteilte Sachsenhauser am 16. Dezember 1925 wegen Mordes zum Tode.

Bereits am 29. Dezember 1925 richtete der Bürgermeister im Auftrag des Gemeinderates von Niederumelsdorf an den Landgerichtspräsidenten von Regensburg ein Bittgesuch, an der Hinrichtung Sachsenhausers teilnehmen zu dürfen.

Nach Ablehnung eines Gnadenantrages vollstreckte der Nachrichter Johann Reichhart am 4. März 1926 das Urteil durch Enthauptung im Hofe des Gerichtsgefängnisses in Regensburg. Neben dem obligaten Gerichtspersonal durften mit Genehmigung der Staatsanwaltschaft zwölf Bürger der Hinrichtung beiwohnen. Darunter befanden sich Bürgermeister Stanglmayer, der Lehrer Georg Weixner sowie der Kunstmühlbesitzer Xaver Horndl, alle aus Niederumelsdorf.

Indizienprozess gegen einen Doppelmörder

Bezirksamt Eggenfelden

Sonntag, der 6. Dezember 1931

Über das Haus der Krämers- und Landwirtseheleute Johann und Barbara Frey in Oberbubach hatte sich der Schleier des Todes gelegt. Die 24 Jahre alte Tochter Babette und ihre dreijährige Nichte Pauline waren gewaltsam ums Leben gekommen. Meuchlings und bestialisch hingemordet, während Eltern und Geschwister dem sonntäglichen Gottesdienst beiwohnten.

Babette Frey führte im elterlichen Anwesen in einem zum Krämerladen umfunktionierten Raum ein kleines Gemischtwarengeschäft. Am Sonntag, dem 6. Dezember 1931, besuchte sie die Frühmesse im etwa 2,5 Kilometer entfernten Johanniskirchen. Als sie gegen 9 Uhr vormittags zurückkam, machten sich die Eltern und Brüder auf den Weg zum Hauptgottesdienst nach Thanndorf. Die Frey-Familie wechselte im Besuch des Früh- und Hauptgottesdienstes, damit stets jemand im Hause war. Seit mehreren Einbruchsversuchen in dem auf einer Anhöhe einsam gelegenen Anwesen durfte dieses nicht mehr allein gelassen werden. Diesmal war Babette an der Reihe gewesen, bis zur Heimkehr der Kirchgänger über Haus, Hof und die kleine Pauline zu wachen.

Vater Frey hielt es wie meistens an den Sonntagen: Statt ins Gotteshaus ging er zum Dorfwirt. Dort traf er regelmäßig Freunde und Bekannte. Manches Handelsgeschäft wurde geschlossen und ausgiebig begossen, zumal dann, wenn der schlitzohrige Viehhändler einen guten Reibach machte und danach einige Runden Freibier spendierte. Da solche Sitzungen zuweilen den ganzen Tag andauerten und Johann Frey jedesmal zum Verdruss seines Eheweibes einen Fetzenrausch heimbrachte, beschloss Barbara, ihm dieses Mal die Suppe zu versalzen und ihn nach dem Gottesdienst vom Wirtshaus abzuholen.

Das Gasthaus schien an dem als Nikolaustag gefeierten 6. Dezember verwaist zu sein. Außer dem Wirt waren nur wenige Gäste in der Gaststube. Johann Frey hielt es deswegen nicht länger als bis zum Ende des

Hochamtes. Er stand bereits wartend vor der Kirche, als Barbara aus dem Kirchenportal trat. Erstaunt und erfreut, einen nüchternen Ehemann zu begleiten, trat sie gemeinsam mit dem Mann und den Söhnen den Heimweg an.

Im Hause war es auffällig ruhig, die Haustüre erwartungsgemäß abgesperrt. Babette verschloss sie immer, wenn sie alleine zu Hause war. Sie öffnete auf Läuten der Ladenglocke nur, wenn sie die Leute draußen kannte. Anton, der jüngere Sohn, drückte auf die Klingel. Nichts rührte sich, niemand kam an das Stubenfenster, um nachzusehen, wer klingelte. Auch auf Klopfen und lautes Rufen kam keine Antwort. Da benutzten die Frey's den zweiten Zugang durch Stadel und Viehstall. Die Türen zum Krämerladen und zur Küche waren weit geöffnet. Vom Hausfletz aus riefen sie erneut laut nach Babette und Pauline, bekamen abermals keine Antwort. Besorgt geworden, suchten sie nach den beiden. Sie fanden Babette tot, in einer Blutlache liegend, neben der Türe im Laden, Pauline, ebenfalls tot, in der Küche zwischen Tisch und Eckbank. Dem ersten Anschein nach war beiden der Schädel zertrümmert worden und aus Einstichen in der Brust sickerte noch Blut. Fassungslos standen Eltern und Geschwister vor den Toten, blickten weinend und entsetzt in die bleichen Gesichter der geliebten Kinder. Das Verbrechen war allen unerklärlich. Wer konnte es getan haben und warum? Hatte die Familie, hatte Babette denn Todfeinde? Warum musste das dreijährige Kind so grausam sterben?

Die verbrecherische Tat wurde um 10.15 Uhr entdeckt. Sie musste demnach zwischen dem Fortgang zur Kirche um 9 Uhr und ungefähr 10 Uhr geschehen sein. Der Täter hatte sich einen Vorsprung von zumindest einer Viertelstunde verschafft.

Im Laden führten zahlreiche Blutspuren um den Ladentisch herum. Der Täter war offensichtlich in die Blutlache getreten und hatte die Spuren gezogen, als er die Ladenkasse aufbrach und daraus das Geld entnahm. In überstürzter Eile verlor er etwas Kleingeld – auf dem Fußboden lagen eine Anzahl Kupfermünzen verstreut. In der Kasse hatten sich etwas mehr als 35 Mark befunden. Babette legte jeden Tag am Morgen zwischen 30 und 35 Mark Wechselgeld in die Ladenkasse, auch an diesem Sonntag, bevor sie zur Frühmesse ging. Eine Kundin aus der Nachbarschaft kaufte sich vor dem Kirchgang noch eine Haarspange und wurde von Wilhelm bedient. Zur Bezahlung reichte sie einen arg zerknitterten Zehnmarkschein, der später ein wichtiges Indiz gegen den Raubmörder wurde.

Im blutverschmierten Gesicht des Kindes Pauline klebte um den Mund herum Schokolade. Es hatte Pralinen genascht. Ein Rest davon lag auf der Tischplatte. Daneben einzelne Heftblätter, von oben bis unten mit Farbstiften bekritzelt.

Die Gerüchteküche brodelt

Die staatsanwaltschaftlichen und polizeilichen Ermittlungen setzten mit einem großen Personalaufwand ein. Eine Gerichtskommission veranlasste die Leichenöffnungen durch den Landgerichtsarzt von Deggendorf. Das Obduktionsergebnis lautete:

> „Babette Frey
> Zertrümmerung des Schädeldaches und Verletzung des Stirnhirns, herbeigeführt durch wuchtige Schläge mit einem harten Gegenstand. Drei tödliche Stiche in die rechte Brustseite mit anschließender Verblutung;
>
> das Kind Pauline Frey
> zertrümmerter Schädel, 4 große Stiche in die rechte Brustseite mit anschließender Verblutung."
>
> #### Zusammenfassung
> „In beiden Fällen Todeseintritt durch Verbluten nach stumpfer Gewalteinwirkung und Stiche mit einem Schneidewerkzeug, vermutlich Messer mit großer, scharfer Klinge.
> Die Stiche hat mit an Sicherheit grenzender Wahrscheinlichkeit ein Linkshänder geführt."

Das Tatmesser stammte aus dem Frey'schen Haushalt. Es lag mit Blut besudelt auf dem Fensterbrett in der Küche und belegte, dass mit ihm zuerst Babette und dann Pauline getötet wurden. Der stumpfe Gegenstand, eventuell ein Holzknüppel, war nirgends aufzufinden.

Wie meistens, wenn etwas Unerklärliches geschieht, mutmaßen die Leute. Dabei gibt es geteilte und widersprüchliche Ansichten. So hielten nicht wenige der 55 Einwohner von Oberbubach Johann Frey für den Täter, andere bezichtigten die Brüder Anton und Wilhelm der Täterschaft. In keinem Falle aber trat ein erkennbares Motiv zu Tage. Zuletzt kursierte das abwegige Gerücht, Inzest in der Familie sei das eigentliche Tatmotiv. Die Auslobung einer hohen Geldsumme für Hinweise zur Ergreifung des Täters öffnete Tür und Tor für üble Verleumdungen und infame Verdächtigungen. Diese behinderten nicht zuletzt einen ersten Anfangserfolg der ermittelnden Gendarmerie- und Kriminalbeamten, weil sie zeitaufwendig jedem noch so unsinnigen Hinweis nachgehen und ihn abklären mussten.

Im Verlauf der Ermittlungen wurde immer klarer, dass der Täter nur jemand sein konnte, der über die Örtlichkeiten beste Kenntnisse besaß. Denn anders als über den Zugang durch den Stall hätte er nicht ungesehen in das Haus gelangen können. Die Frage stellte sich zwangsläufig: War der Täter ein abgewiesener Liebhaber von Babette oder tötete der Unhold nach einem misslungenen Sexualvorhaben? Stand ihm dabei das Kind im Wege und kannte es ihn sogar?

Babette Frey war ein ordentliches, fleißiges, allerorten geschätztes und unbescholtenes Mädel. Sie hatte keine feste Liebesbeziehung, wohl aber heimliche Verehrer, die ihretwegen im Krämerladen einkauften, nur um mit ihr scherzen und schäkern zu können. Wegen ihres freundlichen und humorvollen Wesens hatte das Dirndl zahlreiche Bewunderer. Einer von ihnen war der 41-jährige ledige Dienstknecht Josef Fraundorfer aus Salksdorf im Bezirksamtsbereich Vilsbiburg, der in Arnstorf bei einem Bauern im Dienst stand. Er hatte sich in Babette unglücklich „vergafft". So oft er Zeit dazu fand, kam er in den Krämerladen, hatte nur Augen für Babette und kaufte Dinge ein, für die er gar keine Verwendung haben konnte. Mitte November 1931 stand er wieder im Laden. Diesmal gab er sich nicht damit zufrieden, mit Babette nur zu reden, er versuchte, sie zu einem Abendspaziergang anzuhalten. Lachend sagte sie: „Geh, Sepp, wo denkstn hin. Du bist 41 Jahr oid und i bin 24. Moanst dös war a Zamastand? Da tatn mi ja d'Leit auslacha, wenn mia zwoa mitnand gangatn." Fraundorfer verließ den Laden und kam nie wieder. Einmal noch meinte Babette, ihn gesehen zu haben, als sie sich am Abend zu Bett begab und er an ihrer Schlafkammer vorbeihuschte. War Fraundorfer ein Luarer, der sie beim Auskleiden beobachtete? Mit den Brüdern Anton und Wilhelm sprach Babette darüber, jetzt nach der Mordtat erinnerten sie sich wieder an diesen Vorfall.

Ein abgewiesener Liebhaber

Josef Fraundorfer, bei der örtlichen Gendarmerie kein unbeschriebenes Blatt, war vielfach vorbestraft: wegen Körperverletzung mit Todesfolge drei Jahre Zuchthaus, wegen Vergewaltigung vier Jahre Zuchthaus und dazwischen ein Jahr Gefängnis wegen Diebstahls. Schwerpunktmäßig richteten sich fortan die Tatuntersuchungen gegen Fraundorfer, der in der näheren und weiteren Umgebung seines Wohn- und Aufenthaltsortes als gewalttätig bekannt und gefürchtet war. Für die ermittelnden Beamten von Gendarmerie und Kriminalpolizei galt er als Hauptverdächtiger.

Die hohe Geldauslobung durch die Staatsanwaltschaft Deggendorf veranlasste den Inhaber eines Rechts-Detektiv-Büros in Arnstorf, auf eigene Faust zu recherchieren. Darüber findet sich folgender Auszug aus seinem

> **Bericht über den Doppelmord an die**
> **Staatsanwaltschaft in Deggendorf.**
>
> Am Mordtag abends kam Fraundorfer in die Gastwirtschaft „Zum Deutschen Krieger" in Arnstorf. Am Tisch wurde von der schrecklichen Mordtat in Oberbubach gesprochen. Fraundorfer hörte wie unbeteiligt zu, tat, als kenne er die Getöteten nicht, rutschte aber verdächtig oft auf der hölzernen Sitzbank hin und her, wenn der Name des Kindes fiel. Das schien, als täte ihn dieses besonders im Gewissen berühren. Der Wirt des Gasthauses äußerte sich hinsichtlich der Täterschaft: „Wenns no da Bazi nöd gwen is. Ich, pensionierter Gendarmeriekommissär, pflog daraufhin sofort Erhebungen und stellte fest, daß Fraundorfer am Mordtag in der Frühe über Arnstorf-Höning-Kudlhub, also in Richtung des Tatortes Oberbubach mit dem Fahrrad gefahren ist. Da die Gendarmerie „keine Hand anlegte", wollte ich den Fraunhofer selber festnehmen, dann aber faßte ihn die Gendarmerie von Arnstorf doch."

Nachdem eine Postagentin in Malgersdorf, einen Kilometer von Fraundorfers Heimatort Salksdorf entfernt, einem Gendarmen berichtete, dass Fraundorfer die Nachricht von der Tat schon am Nachmittag des Tattages verbreitet hatte und genau schildern konnte, wie die Leichen aussahen und wie die Tat ausgeführt worden war, bestand an seiner Täterschaft, zumindest aber an einer Tatbeteiligung, kein Zweifel mehr. Er wurde am 19. Januar 1932 festgenommen.

Josef Fraunhofer hatte für die Tatzeit kein Alibi und kam in Untersuchungshaft. Er gab nach längerem Leugnen zwar zu, im Frey'schen Laden in Oberbubach einige Male eingekauft und die Babette gekannt zu haben, für den Tattag benannte er aber Zeugen, die ihn an anderen Orten gesehen haben sollten. Diese widerlegten aber seine Aussagen. Bei den kriminalpolizeilichen Verhören verwickelte er sich von einem zum anderen Male in große Widersprüche. Selbst seine Vorstrafe wegen Vergewaltigung stellte er in Abrede und das erhärtete eine Zeit lang den Verdacht, ein nicht gelungenes Sittlichkeitsdelikt sei Auslöser für die Morde gewesen.

Bei der Durchsuchung seiner Knechtekammer fanden die Beamten eine Reihe von Gegenständen, die als Tatbeweise geeignet waren. Da er das Verbrechen bis zuletzt leugnete, kam es zu einem Indizienprozess, in dem das Gericht in einer 56-seitigen Urteilsbegründung alles auflistete, was seine Täterschaft bewies:

- Fraunhofer besaß einen zerknüllten Zehnmarkschein, wie ihn der Bruder der getöteten Babette in die Ladenkasse gelegt hatte.
- Er färbte einen Tag nach der Mordtat seine braunen Schuhe schwarz, Zeugen hatten ihn am Nikolaustag, 6. Dezember, noch mit braunen Schuhen gesehen.
- Er besaß einen Gummikragen und eine Gummibrust, die am Tattag im Krämerladen Frey entwendet worden waren.
- In seinem Besitz fand sich eine Schachtel voll mit Kupfergeld, die Schachtel stammte aus dem Krämerladen Frey.
- Bei ihm wurde ein blutiger Leinenkragen zum Hemd gefunden, an Strümpfen fanden sich Blutspuren der Getöteten, sogenannte Spritzspuren.
- An der Krawatte waren Blutspritzer.

– Er ließ sich einige Tage nach der Mordtat eine Glatze schneiden, als
  bekannt geworden war, in den Händen der ermordeten Babette seien
  Haare gefunden worden. Und,
– Fraundorfer war Linkshänder.

Das Schwurgericht bei dem Landgericht Deggendorf befand Fraundorfer auf Grund der Hauptverhandlung mehrheitlich auch mit den
Stimmen der Geschworenen für schuldig, die Tat begangen zu haben.
Da nicht eindeutig feststand, ob es Mordtaten aus sexuellen Motiven
oder in Raubabsicht waren, erkannte das Schwurgericht auf Raubmord
und erließ folgendes

Urteil

Das Schwurgericht bei dem Landgericht Deggendorf erkennt im Strafverfahren gegen Fraundorfer Josef, Dienstknecht von Salksdorf, wegen
Raubmordes in der öffentlichen Sitzung vom 26. und 27. Oktober 1932:

1. Josef Fraundorfer, geboren am 8. Januar 1890 in Kemathen, Gemeinde Mitterhausen, lediger Dienstknecht, zuletzt Salksdorf, seit
20. Januar 1932 in Untersuchungshaft,
ist schuldig eines Verbrechens des Mordes in Tateinheit mit einem Verbrechen des besonders schweren Raubes und eines weiteren Verbrechens des Mordes, begangen in Tatmehrheit und wird hiewegen je zur

Todesstrafe

verurteilt.

Gründe:
Fraunhofer hat am 6. Dezember 1931 vormittags zwischen 9 Uhr und
10 Uhr in dem zum Orte Oberbubach gehörigen, abseits gelegenen Anwesen des Krämers Johann Frey dessen 24jährige Tochter Babette Frey
und das 3jährige Enkelkind Pauline Frey, Nichte von Babette Frey, ermordet und danach die Ladenkasse ausgeraubt. Die beiden Ermordeten
waren alleine zuhause, die Eheleute Frey und die Söhne waren im Gottesdienst in der Pfarrkirche von Thanndorf. Dieses nutzte Fraundorfer
schamlos aus, die beiden Morde zu begehen.

> Wenn der Angeklagte Fraundorfer die Tat auch vehement leugnet, so ist das Gericht auf Grund vorliegender Indizienbeweise von seiner Schuld überzeugt, das Urteil konnte deshalb nur auf Todesstrafe lauten.

In dem ihm eingeräumten Schlusswort sagte Fraundorfer: „Mi geht dös ois nixn an." Er zeigte sich gefühlskalt und von roher Gesinnung. Die vom Verteidiger Fraundorfers eingelegte Revision wurde als unbegründet verworfen, der seinerzeitige Reichsstatthalter General Ritter von Epp lehnte mit Entschließung vom 3. Mai 1933 eine Begnadigung ab.

Josef Fraundorfer wurde am Mittwoch, dem 10. Mai 1933, um 6.15 Uhr, durch Scharfrichter Johann Reichhart im Hof des Landgerichtsgefängnisses Deggendorf mit der Fallschwertmaschine hingerichtet. Die Eröffnung der Hinrichtung nahm er mit der im ganzen Untersuchungs- und Prozessverlauf und bei der Urteilsverkündung zur Schau getragenen Gleichgültigkeit und ohne sichtliche Erregung hin. Von der Möglichkeit, auf seinen Wunsch die Vollstreckung um 24 Stunden hinauszuschieben, machte er keinen Gebrauch. Er lehnte dieses mit einem kategorischen „Nein" ab. Er ließ sich auch nicht die Augen verbinden, doch auf dem Richtplatz griff die Angst nach ihm. Während eines gemeinsamen Gebetes mit dem Geistlichen wurde er im Gesicht aschfahl und musste von den Nachrichtergehilfen auf das Kippbrett getragen werden.

An der Hinrichtung nahmen insgesamt 28 Personen als Zeugen oder Neugierige teil. Trotz der vorliegenden, erdrückenden Indizienbeweise behält eine Verurteilung zum Tode in einem Indizienprozess einen faden Nachgeschmack. Eine sichere, nachweisbare Täterschaft erbringt eben nur ein umfassendes und durch Tatbeweise belegtes Geständnis.

Mörderische Rache

Eine Forderung von 6000 Reichsmark

Wilhelm Draxler sah mit gespielter Gleichgültigkeit auf einen Brief, den er soeben bekommen hatte. Absender war ein Rechtsanwalt aus Passau, dessen Name ihm nichts sagte. Da Anwaltsschreiben selten gute Nachrichten verheißen, öffnete er mit leichter Beklommenheit das Kuvert. Seine neben ihm stehende Ehefrau sah mit Bangen, wie sich schon nach den ersten gelesenen Schriftsätzen Zornesfalten auf der Stirn des Mannes einstellten. „Ja Himmelherrgottsakra", begann er zu fluchen, „derf so ebbas sei? I soi für an Schadn aufkemma, den i übahaupts nöd gmacht hob. Der elende Sauhund soi mi kennalerna." Dem Mann, der ihm eine Schadenersatzklage über den Anwalt zustellen ließ, grollte er schon seit langem. Nun aber schlug der bislang noch verhaltene Groll um in abgrundtiefen Hass gegen den 61-jährigen Brauereibesitzer Josef Meiereder aus Tann, Bezirksamt Pfarrkirchen.

Der 49 Jahre alte Wilhelm Draxler stammte aus einer Bäckerfamilie in Windorf. Er hatte die Volksschule besucht und war vor allem wegen seiner schlechten schulischen Leistungen aufgefallen. Zweimal sitzen geblieben, beendete er die Schulpflicht mit der Gesamtbewertung: Ungenügend! Eine Brauerei in Eggenfelden erfüllte ihm trotz seiner lückenhaften Bildung den Wunsch, Bierbrauer zu werden. Er erschien dafür geeignet und konnte mit Eifer und Geschick die Ausbildung erfolgreich abschließen. Als anerkannt guter Bierbrauer schaffte er später den Einstieg als Braumeister.

1909 heiratete Draxler in ein landwirtschaftliches Anwesen in Adelsberg, Gemeinde Walburgskirchen im Bezirksamtsbereich Pfarrkirchen, ein. Im Ersten Weltkrieg diente er in einer Münchner Fußartillerieeinheit, wurde mehrmals verwundet, einmal nach Granateneinschlägen bis zum Hals verschüttet und schließlich noch durch Gaseinwirkung lebensbedrohlich vergiftet. Aus dem Krieg heimgekehrt und nach dem Tod der Frau verehelichte er sich 1928 ein zweites Mal. Im Juli 1931 verpachtete er das Anwesen in Adelsberg und schloss mit dem Braue-reibesitzer Meiereder von Tann einen Gesellschaftsvertrag. Er zog in die Werkswohnung im Brauereigebäude ein und arbeitete als Brau-meister. Die Zusammenarbeit war zunächst reibungslos, nach einigen Monaten aber kam es zu ersten Unstimmigkeiten. Draxler war zum Trinker geworden. Die ihm vom Brauereibesitzer zugebilligte Freibier-menge überzog er ständig um ein Vielfaches. Die dafür angefallene Zechschuld weigerte er sich zu bezahlen, mit der Begründung, als Mit-gesellschafter könne er kostenlos trinken, so viel er wolle. Da im Ge-sellschaftsvertrag eine derartige Klausel nicht festgeschrieben war, hielt sich Meiereder durch Lohneinbehalt schadlos. Dieses nahm Drax-ler zum Anlass, eigenmächtig auf eigene Rechnung Bier zu verkaufen.

„Wia lang moanstn, dassd' ma mein Lohn no zruckbhoitn kannst?", fragte Draxler eines Tages. „I hob a meine Zahlungsvapflichtunga und brauch 's Goid." „Zahl erst amoi d'Saufschuidn und dös, wosd ma hin-tenrum gstoin und vakaft hosd, nachand redn ma wieder übern Lohn", antwortete Meiereder brüsk. „Wann i nöd binna drei Tog mei Goid hob, geh i soim zon Advokatn und klag." Gelassen meinte darauf der Bräu: „Tuas, boistn zoin kannst, an Advokatn. I bin da nix schuidi, wias an-dersrum da Foi is."

Draxler wusste nicht, wie er reagieren sollte. Er hatte mit dem An-walt gedroht, also musste er auch handeln. Der Rechtsanwalt, an den er sich wandte, forderte vorne weg gleich einen Honorarvorschuss. Draxler aber besaß keine müde Mark und der Anwalt lehnte eine Kla-gevertretung ab. Erzürnt und voller Bitterkeit ging Draxler aus dem An-waltsbüro in Pfarrkirchen. Unterwegs nach Hause begegnete er einem Bekannten, erzählte diesem vom Streit mit Meiereder und bemerkte: „Wenn i vo da Brauerei mei Goid nöd kriag, kimm i wengam Bräu no ös Zuchthaus. Mei Sach aba hol i mir. So oder so!"

Ein paar Tage später mussten 800 Hektoliter schlechtes Bier abge-schüttet werden, wodurch ein Schaden von 6000 Reichsmark entstand. Meiereder bürdete die Schuld für diese Misere Draxler auf und löste sogleich das Arbeitsverhältnis mit ihm. Gleichzeitig warf er ihn aus der kostenlos zur Verfügung gestellten Werkswohnung. Draxler zog am 10. Juli 1933 mit seinen Habseligkeiten zurück in das verpachtete An-wesen nach Adelsberg. Draxlers Frau zuliebe ließ der Pächter sie ins

Haus einziehen. Danach suchte Draxler noch zweimal die Brauerei auf, um seine Post abzuholen. Hier fand sich auch der Brief des Passauer Rechtsanwaltes, der ihn so wütend machte. Wegen schlampiger Arbeit im Zustand der Trunkenheit, die den verdorbenen „Biersud" und damit den Vermögensschaden nach sich zog, forderte der Anwalt namens seines Mandanten Meiereder die Zahlung von 6000 Reichsmark. Draxler betrachtete die Forderung als „bodenlos, hundsgemeine Sauerei und Verleumdung". „Meiereder wars do soiba, der d'Biersud vahunzt hod und i soi dafür grad steh. Bloß weil i da Braumoasta gwen bin. Dös muassa mia büaßn", sagte Draxler zu seiner Frau. In grenzenloser Verachtung schwor er, sich an dem Bräu zu rächen.

Ein kaltblütiges Verbrechen

Draxlers Frau ahnte bereits Böses, als sie sah, wie ihr Mann das Fahrrad aus dem Holzschupfen holte. Sie wusste um seinen Jähzorn und davon, dass er zum Meiereder-Bräu fahren wollte. Flehentlich versuchte sie, ihn von der Fahrt abzuhalten. „Willi, bleib dahoam. Mach koa Dummheit. Dö Sach wird sö anders a regeln lassn." Statt einsichtig zu sein, prügelte er die Frau grün und blau. Tagelang lief sie mit Veilchen an beiden Augen herum. „Misch dö nie mehr in Dinge nei, die nur mi ebbas ogenga", hatte er ihr noch gedroht. Trotz der bezogenen Hiebe überlegte die Frau, ob sie ihm nicht heimlich nachfolgen sollte, um Schlimmes zu verhüten. Sie dachte an eine Schlägerei, niemals aber daran, dass er den Meiereder töten wolle. ‚Er ist zwar mitm Messer schnoi bei der Hand. Jemanden damit aber abzustechen, dös is nöd.' Um selber nicht nochmals Schläge zu beziehen, zog sie es doch lieber vor, daheim zu bleiben.

Bevor Draxler zur Brauerei fuhr, kehrte er bei der bekannten Familie Jungbauer in Tann ein. Im Laufe des Nachmittags und bis zum Abend süffelte er sechs „Gassenhalbe" Bier, was ungefähr der Menge von sechs Litern entspricht. Die Kinder der Jungbauers hatten es ihm nach und nach aus der Brauereiwirtschaft geholt. Dazu rauchte er drei Schachteln Zigaretten. Vollgepumpt mit Alkohol und vom Nikotin betäubt, radelte er in die Brauerei, seinen Rachedurst zu löschen. Zu seinem Leidwesen war der Meiereder aber nicht anwesend. Enttäuscht und mit aufgestautem Zorn schob er das Rad zurück zu den Jungbauers und zechte dort so lange weiter, bis er sturzbetrunken in der Wohnstube zusammenbrach. Die Eheleute Jungbauer trugen ihn in eine Kammer, wo er seinen Rausch ausschlafen durfte.

Anderntags, am 18. Juli 1933, verließ Draxler schon um 5 Uhr in der Frühe die Nachtherberge und ging zu Fuß zum Meiereder-Bräu. Mit den Örtlichkeiten vertraut, schlich er sich ins Brauereigebäude und eilte über die Treppe hinauf in den ersten Stock des Wohngebäudes. Dort befand sich das Schlafgemach der Eheleute Meiereder. Ohne anzuklopfen, trat er in das Zimmer. Er hatte erwartet, den Bräu alleine anzutreffen, weil die Bräuin zu dieser Stunde immer in der Frühmesse war. Draxler hatte sich jedoch in der Zeit geirrt, denn Frau Meiereder stand noch vor dem Toilettenspiegel und kleidete sich für den Kirchgang an. Erschrocken über den Eindringling, wies sie diesem barsch die Türe. Weil es ziemlich lautstark geschah, wachte Meiereder auf. Ihm blieb keine Zeit zu überlegen, was vorgefallen sei, denn Draxler stand schon an seinem Bett. „Du schwärzt mi nimma o, i hätt 800 Hektoliter Bier versaut. Für dö Luag muasst aitzand zoin." Draxler holte aus und stieß dem Bräu die scharf geschliffene Klinge eines Schlachtermessers zweimal in die rechte und ein weiteres Mal in die linke Brustseite. Dann rannte er aus dem Zimmer und dem Brauereigebäude.

Als wäre Luzifer in Person hinter ihm her, eilte Draxler mit Riesenschritten zu den Jungbauers. Der Frau übergab er seinen Hausschlüssel und trug ihr auf: „Schickn meiner Oidn mit am schena Gruaß und i kimm nimma hoam." Frau Jungbauer, über das aschfahle Aussehen Draxlers entsetzt, fragte ihn: „Um Gotts wuin, wos isn gschehng?" Wie geistesabwesend stierte er vor sich hin. Ohne noch ein Wort zu sagen, verließ er das Haus und ging schnurstracks zur Gendarmerie. Auf dem Weg dorthin begegnete er der Pflegetochter Paula Meiereder, die den Doktor für den verletzten Bräu holen musste. Mit Spott in der Stimme sagte er zu dem Mädchen: „Issa no nöd varreckt, da Lump?"

Leicht erregt, doch völlig gefasst, stellte sich Draxler dem Gendarmeriekommissär, den er aus dem Bett geläutet hatte: „I hob an Meiereder-Bräu hergstocha. Oba no lebt oda scho hi is, i kanns nöd sagn."

Dem Beamten übergab er das zur Tat benutzte, im Griff fest stehende Messer und ließ sich festnehmen.

Die dem Meiereder zugefügten Verletzungen waren lebensgefährlich. Ein Stich durchtrennte die sechste Rippe der Länge nach in der Mitte und durchschnitt den darunterliegenden Lungenflügel, ein Stich drang in die Bauchhöhle, der dritte Stich drang in den Herzbeutel bis hin zur Herzwand. Dennoch lebte Meiereder bei vollem Bewusstsein noch bis zum Abend. Er war noch in der Lage, dem eilends aus Passau angereisten Untersuchungsrichter den Tathergang wahrheitsgetreu zu schildern.

Draxler stellt sich dumm

Bei der Vernehmung durch den Untersuchungsrichter in der gerichtlichen Voruntersuchung berief Draxler sich auf Notwehr, ohne dafür eine Erklärung abzugeben. Danach befragt, blieb er stumm und gebärdete sich plötzlich, als habe er Sprache und Gedächtnis verloren. Schließlich begann er wieder zu reden und machte geltend, durch seine Kriegsverwundungen, die Verschüttung und die Gasvergiftung „blöd" geworden zu sein. Das Gericht veranlasste die Überstellung in die psychiatrische Abteilung des Untersuchungsgefängnisses nach München-Stadelheim, wo er gleichsam einmal die Sprache verlor, dann wieder sprechen konnte, aber sofort wieder verstummte, als ihm die auf Mord lautende Anklageschrift zugestellt wurde. Das über ihn abgegebene fachspezifische ärztliche Gutachten lautete: „Stummheit und Gedächtnislähmungen sind durchsichtige Situationsmanöver, den Idioten hatte er nur gespielt."

Dieses für ihn vernichtende ärztliche Urteil bewog Draxler in der Nacht vor der Hauptverhandlung, dem Landgerichtsarzt „zu vermelden", mit ihm sei ein Wunder geschehen. Er habe seine Sprache wieder gefunden, das Gedächtnis sei aber noch gelähmt.

In der Hauptverhandlung selbst gab Draxler schließlich eine Erklärung zum Beweis der Notwehr ab: „Da Bräu hod si ön Bett aufgricht, nach seiner Hosn glangt und a Messer zogn. Nachat hoda mi stecha woin. Da hob nachand i zuagstocha. Umbringa hob i eam nöd woin."

Das Gericht würdigte diese Aussage als reine Schutzbehauptung und stellte fest, dass alle Tatvorbereitungen und die Tatausführung darauf abgezielt hatten, den Meiereder-Bräu zu töten. Draxler habe nach einem vorbedachten, wohl überlegten Plan gehandelt. Abschließend stellte das Schwurgericht fest (wörtliche Wiedergabe):

„Der Angeklagte Draxler ist ein durch und durch unaufrichtiger und unwahrhaftiger Mensch. Die ganze Art seiner Verteidigung, sein hämisches Verhalten gegenüber Zeugen, die ihm unbequem waren, wirkten widerlich und kläglich. Überall trat sein Bestreben hervor, sich herauszuwinden, herauszulügen und herauszuschwindeln. Nirgends war eine Spur von Reue oder auch nur ein Versuch des menschlichen Anstandes zur Tat ersichtlich und erkennbar. Man kann eine solche Person nicht treffender bezeichnen als mit den Worten Theodor Körners: Ein ehrloser, erbärmlicher Wicht! Nach den Gutachten der gerichtsmedizinischen Sachverständigen, denen sich das Schwurgericht auf Grund der gewonnenen Eindrücke in der Hauptverhandlung anschließt, ist der Angeklagte ein erregbarer, durch übermäßigen Alkoholgenuß entarteter, hysterisch veranlagter Mensch. Er war zur Tatzeit nicht erheblich verhindert, das Ungesetzliche seiner Tat zu erkennen und nach dieser Einsicht zu handeln. Er ist strafrechtlich voll verantwortlich."

Abschließend ist zur Person des Angeklagten noch anzuführen: „Draxler ist bei der örtlichen Polizei kein Unbekannter. Streitsüchtig, legte er sich gleich mit allen und jedem an, der nicht seiner Gesinnung war. Als Sonderling pflegte er mit niemandem einen nachbarschaftlichen oder freundschaftlichen Verkehr."

Vom Schwurgericht beim Landgericht Passau wurde in der öffentlichen Sitzung am 7. März 1934 folgendes Urteil verkündet. Daran teilgenommen haben: der Vorsitzende, Landgerichtsdirektor Merzbacher, der Landgerichtsrat Günther und Amtsgerichtsrat Zoller, die Geschworenen (hier sind namentlich drei Personen aus dem Bauernstand, der Bürgermeister von Weihmörting, ein Kaufmann und ein Gerbermeister) sowie der Oberstaatsanwalt Pflügl und der Urkundsbeamte Weber.

Wilhelm Draxler, der Mörder des Brauereibesitzers Josef Meiereder von Tann bei Eggenfelden. Staatsarchiv Landshut.

Im Namen des deutschen Volkes

Draxler Wilhelm, geboren am 21. März 1885 in Hofstetten, Gemeinde Sachsenham, verheirateter Landwirt und Braumeister, in Untersuchungshaft im Landgerichtsgefängnis Passau seit dem 18. Juli 1933 –

wird wegen eines Verbrechens des

Mordes

zur Todesstrafe und zu den Kosten des Verfahrens und des Strafvollzugs verurteilt. Die bürgerlichen Ehrenrechte werden auf Lebensdauer aberkannt.

Die Hinrichtung

Die Geschwister des zum Tode Verurteilten richteten an den Reichsstatthalter für Bayern, General Ritter von Epp, ein Gnadengesuch. Darüber erging am 2. August 1934 folgende Entscheidung vom Bayerischen Staatsministerium der Justiz an den Oberstaatsanwalt in Passau: „Der Herr Reichsstatthalter in Bayern hat mit Entschließung vom

Passau, den   5.Juni   193 4 .

Im Namen des Deutschen Volkes!

Das Schwurgericht beim Landgerichte Passau

~~Das Landgericht Passau~~ / / / / / / / / Strafkammer, hat in seiner öffentlichen Sitzung

vom   7.März 1934   / /93/ in der Strafsache gegen Draxler Wilhelm,

Bräumeister von Adelsberg,z.Z.in Unt.Haft.,wegen Mordes,

folgendes

Urteil

erlassen:

    I. D r a x l e r Wilhelm,geboren am 21.März 1885 in Hof=
         stetten,Gemeinde Sachsenham,verheirateter
         Landwirt und Bräumeister,zur Zeit in Unter=
         suchungshaft hier,

   wird wegen eines Verbrechens des Mordes zur Todesstrafe
   und zu den Kosten des Verfahrens und des Strafvollzugs
   verurteilt.

   II. Dem Verurteilten werden die bürgerlichen Ehrenrechte auf
      Lebensdauer aberkannt.

III. Haftfortdauer wird angeordnet;das Haftprüfungsverfahren
      ist zu erneuern am 1.Juni 1934.

IV. Das zur Tat benützte Messer wird eingezogen;die zu Ge=
      richtshanden gelangten Bettstücke sind der Witwe Elisa=
      beth Meiereder in Tann hinauszugeben.

Vorstehendes Urteil ist vollstreckbar.

Passau, den   5.Juni   193 4 .

Der Urkundsbeamte der Geschäftsstelle des Landgerichts Passau:

Geis
J.O.Sekretär.   12

Das Urteil des Landgerichts Passau vom 5. Juni 1934.
Bestand Staatsarchiv Landshut.

30. Juli 1934 von seinem Begnadigungsrecht in Anlehnung der durch Urteil des Schwurgerichts beim LG Passau vom 7. März 1934 gegen den Braumeister Wilhelm Draxler von Sachsenham wegen eines Verbrechens des Mordes ausgesprochenen Todesurteils keinen Gebrauch gemacht."

Adolf Hitler hatte General Ritter von Epp zum „Reichskommissar in Bayern" ernannt. Nach dem Gesetz zur Gleichstellung der Länder mit dem Reich vom 7. April 1933 wurde er Hitlers politischer Stellvertreter in Bayern und übte praktisch die Regierungsgewalt aus. In dieser Eigenschaft als „Reichsstatthalter" stand ihm das Begnadigungsrecht zu. Als nach dem Tod des Reichspräsidenten von Hindenburg am 2. August 1934 Hitler alle Macht an sich riss, besaß nur noch er allein das Gnadenrecht im gesamten Dritten Reich.

Die Hinrichtung von Wilhelm Draxler war für den 7. August 1934 vorgesehen. Der Reichsstatthalter hatte jedoch für diesen Tag Hinrichtungen wegen der Beisetzung des Reichspräsidenten Paul von Hindenburg verboten.

Draxlers Hinrichtung wurde auf den 15. August 1934 verschoben. An diesem Tag, um 6 Uhr früh, enthauptete der Nachrichter Johann Reichhart den Delinquenten im Hof des Landgerichtsgefängnisses Passau mit der Fallschwertmaschine. Der Hinrichtung mussten beiwohnen: zwei Landgerichtsräte des Landgerichts Passau, der Erste Staatsanwalt mit dem Gerichtsschreiber als Vertreter der Justiz, der Landgerichtsarzt und zwölf vom Stadtrat der Stadt Passau bestimmte Bürger. Weiteren Personen wurde die Anwesenheit bei der Hinrichtung gestattet.
Der Hinrichtungsvorgang wurde protokolliert:

> *Protokoll*
>
> Passau, den 15. August 1934
> im Hofe des LG-Gefängnisses
>
> aufgenommen bei der Staatsanwaltschaft bei dem Landgericht Passau betreffend den Vollzug der gegen den Braumeister Wilhelm Draxler von Tann wegen Verbrechens des Mordes ausgesprochenen Todesstrafe.
> Gegenwärtig: 1. Staatsanwalt Leopold und Justizsekretär Wagner.
> „Unterfertigter 1. Staatsanwalt begab sich heute früh, 5.30 Uhr in Begleitung des Justizsekretärs Wagner als Urkundsbeamten in das hiesige Landgerichtsgefängnis und überzeugte sich, daß alle von ihm an Ge-

fängnis-, Gendarmerie- und Polizeibeamten erteilten Weisungen ausgeführt waren. Insbesondere waren sämtliche Eingänge zum Gefängnisgebäude mit Gendarmerie- bzw. Polizeibeamten besetzt. Sodann begaben sich 1. Staatsanwalt und Urkundsbeamter auf den Richtplatz, wo der Nachrichter Johann Reichhart mit seinen Gehilfen Donderer und Nickl anwesend waren. Nachrichter Johann Reichhart prüfte nochmals die Fallschwertmaschine und erstattete Bericht, daß alles zur Hinrichtung bereit sei. Eine Probe bestimmte das Funktionieren der Maschine. Inzwischen hatten sich die ... um der Hinrichtung beizuwohnen, eingefunden: [Anm. d. Verf.: Hier standen die Namen der Gerichtspersonen, des Gerichtsarztes, des Gefängnisverwalters und der Leiter des Absperrdienstes, des Beistandsgeistlichen vom Kloster Mariahilf in Passau, des Verteidigers des Delinquenten, der vom Stadtrat Passau benannten 12 Bürger, der Person des pathologisch-anatomischen Institutes der deutschen Forschungsanstalt für Psychiatrie in München und Namen von Amtspersonen verschiedener Behörden und Dienststellen. Insgesamt bei der Hinrichtung anwesend waren: 30 Personen]. Um 5.55 Uhr wurde der Richtplatz abgesperrt, und in der Gefängniszelle, in welcher sich 2 Gendarmeriebeamte befanden, dem Todeskandidaten mitgeteilt, daß der Zeitpunkt der Hinrichtung gekommen sei. Er wurde sodann den beiden Nachrichtergehilfen übergeben, die ihm ein Sterbehemd anlegten und ihn mit auf den Rücken gefesselten Händen in Begleitung des Geistlichen zum Richtplatz führten. Nach Verlesung des entscheidenden Teils des rechtskräftigen Urteils vom 7. März 1934 und der vom Reichsgericht in Leipzig dazu ergangenen Urteilsbestätigung vom 18. Mai 1934 sprach der Geistliche ein kurzes Gebet. Auf ein Zeichen des 1. Staatsanwaltes wurden dem Delinquenten die Augen verbunden und der die Fallschwertmaschine bedeckende Vorhang aufgezogen. Die Nachrichtergehilfen trugen den Delinquenten auf den Richtblock und schnallten ihn auf das Richtbrett. Das Aufschnallen und das Einschieben unter das Fallschwert und das Herabfallen desselben nahm 38 Sekunden in Anspruch. Eine in unmittelbarer Nähe des Richtplatzes angebrachte Glocke läutete vom Ende des geistlichen Gebetes mit dem Hingerichteten bis das Haupt vom Rumpfe getrennt war. Der Leichnam wurde der Anatomie übergeben.

Gezeichnet Unterschrift

Verschiedene Presseorgane berichteten über die Hinrichtung Draxlers. In der Donauzeitung ist im Schlussabsatz vermerkt: „Diese Hinrichtung war die zweite in Passau seit Ende des Weltkrieges. Im Jahre 1923 war der wegen Raubmordes an einer Rottaler Bauersfrau vom Volksgericht Passau zum Tode verurteilte Gerauer hier erschossen worden."

Die verhasste Verwandtschaft

Eine unheilvolle Ahnung

Ein frischer Ostwind kam vom Böhmischen herüber, trieb Wolken vor sich her und über Furth im Wald hinweg. Nur vereinzelt lugten ein paar Lichtstrahlen der Morgensonne durch die Wipfel des dichten Grenzwaldes. Dieser 3. April im Jahre 1935 war trist und machte die Menschen mürrisch. Auch im Kontor des Holzschuhfabrikanten Alois Meier herrschte dicke Luft. Wieder, und das aufeinander folgend schon drei Tage, war der 17 Jahre alte Lehrbub Richard Weber aus Daberg nicht zur Arbeit erschienen. Mehrmals hatte der Bursche in letzter Zeit einen „blauen Montag" eingelegt, seine Arbeit aber anderntags durch Überstunden nachgeholt und damit Alois Meier milde gestimmt. Jedesmal beließ es dieser dann bei einer väterlichen Ermahnung. Zur Bürokraft sagte er: „Ich hab dem Hundsbuam viel z'lang seine Kapriolen nachgseng. Diesmal is'a aber z'weit gangen. Drei Tag blaumachen und nix von sich hörn lassn, dös is a Frechheit. Dös kann i nöd duldn." Mit einem Male fiel ihm der merkwürdige Telefonanruf vom Montag, dem 1. April, ein. Ohne Namensnennung hatte ihm eine männliche Stimme mitgeteilt: „I möchat eana bloß sagn, da Weber Richard is für a etla Tog vareist. Auf Köln außi. A kranke Verwandte bsuacht er." Ehe Meier nachfragen konnte, hatte der anonyme Anrufer aufgelegt. ,Sonderbar', überlegte Meier und fragte die Schreibkraft: „Hat der Weber in Köln Verwandte?" „Da is mir nix wisslich", antwortete sie. „So genau kenn i die Familienverhältnisse vom Weber a nöd." „Da stimmt was nicht", sagte sich Meier, griff zur Kurbel des Telefons und bat das „Fräulein vom Amt", eine Verbindung mit der Gendarmerie herzustellen. Freundlich bekam er geantwortet: „Da wird grad gsprochen. Probier'ns es in a paar Minuten noch amoi." –

In der Gendarmeriestation hielt der Stationskommandant, Gendarmeriekommissär Mayer, „Morgenandacht" mit seinen beiden Untergebenen und verteilte an sie soeben die anliegenden Recherche-Aufträge, da schrillte das Telefon. Eine Frau aus dem sechs Kilometer entfernten Daberg sagte ein wenig aufgeregt: „Herr Kommissär, bei uns herauß'n, z'Daberg, stimmt ebbas nimma. Unsere Nachbarn, die Weberischen, lassn sich scho a paar Tag nimma sehng. Oisam Türn san vasperrt und d'Fenster am ganzen Haus vahängt. I hob an da Haustür gnackelt, es is aber ois stad bliem. Da wird do nix Schlimmes passiert sein? Kannt'ns nöd amoi nachschaun?" Der Beamte versprach, sich der Sache anzunehmen. „Wenns ma no sagatn, wers san, nachand komm i bei eana vorbei."

Der Beamte hatte den Hörer kaum auf die Telefongabel zurückgelegt, da läutete es erneut. Der Schuhfabrikant Alois Meier aus Furth i. Wald teilte mit, dass der bei ihm beschäftigte Jugendliche Richard Weber aus Daberg bereits den dritten Tag nicht zur Arbeit gekommen sei und dass er vergangenen Montag einen merkwürdigen Telefonanruf erhalten habe, der mit dem Richard zusammenhing. „Sollt'ma da nicht in Daberg nachsehen, was bei den Webers los ist?", bemerkte er noch, da unterbrach ihn der Gendarm: „Vor am kurzen Moment hat a Frau aus Daberg in der gleichen Angelegenheit bei uns angrufen. Mir scheints absolut notwendig, dass ma hinfahrn. Kommens mit? Ich hol eana ab."

Gendarmeriestationskommandant Mayer fuhr mit Oberwachtmeister Forster und dem Schuhfabrikanten Meier nach Daberg. Sie trafen sich mit der Nachbarin. „Guat, dass glei kemma seids", sagte die Frau, „i moan, da is doch was gschehng. D'Kathl und d'Marie hob i sonst an jeden Tag scho in der Fruah rumrenna sehng, seit Sonntag is dort ois totenstill." Zusammen gingen sie zum Weber-Anwesen. Dort stand der 50 Jahre alte Zimmermann Franz Weber aus Furth vor verriegelten Türen. Er wollte seine 79-jährige Mutter Katharina und die 44 Jahre alte Schwester Marie wegen einer Erbschaftsangelegenheit besuchen. Vom Neffen Richard nahm er an, dass dieser in der Arbeit sei. Als die Gendarmen näher kamen, ahnte er Unheil. Noch war er der Meinung gewesen, Mutter und Schwester seien im Wald beim Holzsammeln. Sollte ihnen etwas zugestoßen sein?

Gemeinsam verschafften sie sich durch die handbreit offenstehende Stalltüre Zugang ins Haus. Franz Weber erschrak, die Stallung war leer. Wo waren die zwei Kühe, die bisher dort gestanden waren?

Gegenüber dem Kuhstall traten sie durch die sperrangelweit offen stehende Türe in die Wohnstube. Auf dem Fußboden waren deutlich eine Anzahl Fußtritte sichtbar, der von den Schuhen abgefallene Stalldung war bereits vertrocknet. Auf dem Tisch stehende Tassen, ungesäubertes Essgeschirr sowie ein halber Laib Brot ließen darauf schließen, dass noch vor kurzem jemand hier gegessen hatte. Am Eingang zur Schlafkammer, die nur über die Wohnstube erreichbar war, befand sich ein Diwan. Auf ihm ein Oberbett, ein gestreifter Herrenanzug und eine alte, geflickte Knickerbockerhose. Auf dem Fußboden darunter ein Paar abgelatschte braune Halbschuhe. Franz Weber konnte mit Sicherheit sagen, dass die Kleidungsstücke und die Halbschuhe nicht seinem Neffen Richard gehörten.

Die Türe zur Schlafkammer war verschlossen und musste gewaltsam aufgebrochen werden. Über der Türschwelle zeigte sich eine eingetrocknete 50–60 cm breite Blutspur. Unter dem linken der zwei Betten lag Maria Weber mit dem Gesicht in einer größeren Blutlache. Der Leichnam, vollständig bekleidet und die Schuhe noch an den Füßen, war mit einem weißen Leinentuch abgedeckt. Nach weiterer Suche fanden die Gendarmen im Kellerraum die Leichen von Katharina und Richard Weber, beide ebenfalls mit dem Gesicht in einer Blutlache und mit einem weißen Leinentuch überspannt, zwischen zwei aufgeschütteten Kartoffelhaufen liegend. Katharina war noch sonntäglich wie zum Kirchgang gekleidet und hatte dazu ein schwarzes, wollenes Bauernkopftuch umgeschlungen. Graue Handschuhe verdeckten die Schwielen an ihren abgearbeiteten Händen. Bei Richard fehlten die Schuhe und Strümpfe, er war barfuß. Alle drei waren ermordet worden. Erschlagen mit einer Hacke, die blutbefleckt auf dem Backofen neben dem Treppenaufgang zum Speicher vorgefunden wurde.

Die angereiste Gerichtskommission stellte bei der Leichenbesichtigung – laut Protokoll – fest: „Maria Weber hat einen neuen, kleinen kinderfingerdicken Strick um den Hals. Dieser Strick hinterließ am Kinn eine tiefe Rinne. Am Hals sind Striemen sichtbar, das linke Ohr ist mehrfach durchgeschlagen. Am Hinterkopf und an der linken Kopfseite zeigen sich Merkmale von Hieben, die vermutlich mit einem scharfen Gegenstand geführt wurden. Richard Weber hat einen gleichen Strick um den Hals geschlungen und weist ebenfalls starke

Beilhiebe gegen den Kopf auf. Katharina Weber weist eine Zertrümme-
rung der Schädeldecke auf. Aus den Kopfwunden hängt das Hirn heraus. Zusammenfassung: Katharina, Maria und Richard Weber kamen
durch Gewalteinwirkung ums Leben."

Der Gerichtsarzt konstatierte: „Der Tod von Katharina, Maria und
Richard Weber ist mit an Sicherheit grenzender Wahrscheinlichkeit vor
drei Tagen, also am 31. März 1935, eingetreten." Für einen Tatverdacht
gegen Franz Weber ergaben sich keine Anhaltspunkte. Als Täter in Be-
tracht gezogen wurde dessen Neffe, der 24 Jahre alte Ludwig Weber.
Er war von Daberger Bewohnern am Samstagabend, den 30. März, am
darauf folgenden Sonntag und noch am 1. April gesehen worden. Das
war der Tag gewesen, an dem er die beiden Kühe nach Furth i. Wald
trieb und dort an einen Viehhändler verkaufte.

Der verstoßene Neffe

Ludwig Weber war in Daberg ortsbekannt. Dort am 17. Juli 1910 geboren, wuchs er in zerrütteten Familienverhältnissen auf. Vom älteren
Bruder Franz dazu verleitet, bestahl er die Eltern und gab ihm das Geld.
Franz poussierte nämlich seine Cousine Fanny, eine Tochter der Tante
Katharina Weber. Fannys finanzielle Ansprüche konnte er mit dem ge-
ringen Verdienst als Hilfsarbeiter aber nicht befriedigen, deshalb verschaffte er sich mit Hilfe des kleinen Bruders Ludwig zusätzliche, wenn
auch durch Diebstahl erlangte, Barmittel. Die Eltern bemerkten die
Diebereien und hielten ihn unter fortwährender Beobachtung.

Als er dann im heranwachsenden Alter jede begonnene Berufsaus-
bildung bereits nach kurzer Zeit jäh abbrach, zog er sich den Hass der
Familie zu. „Du bist nichts und wirst nichts werden", bekam er immer
wieder zu hören. Ludwigs Selbstwertgefühl bröckelte. Er schloss sich
Freunden an, die auf die schiefe Bahn geraten waren. Auch er begann
nun, im großen Stil zu stehlen und zu betrügen und wenn er nicht
gerade im Gefängnis saß, streunte er in der Gegend herum. Als ihn
zwei Bauern beim Feldfrevel erwischten und ihm wegen unbefugten
Betretens ihrer Grundstücke Züchtigung androhten, zündete er ihnen
kurzerhand die Scheunen an. Nun war er auch noch zum Brandstifter

geworden, die Verwandten wollten nichts mehr mit ihm zu tun haben und ekelten ihn aus dem Dorf. Ludwig Weber rutschte immer tiefer in die Kriminalität.

Die von der Gendarmeriestation Furth i. Wald gegen Ludwig Weber eingeleitete Fahndung hatte raschen Erfolg. Bereits um 19 Uhr am 3. April 1935 nahmen Kriminalbeamte der Polizeidirektion Augsburg den Gesuchten an seinem bekannten Aufenthaltsort in Mering fest und brachten ihn in das Untersuchungsgefängnis nach Augsburg. Unumwunden legte er von sich aus ein erstes Geständnis ab: „Ich gebe zu, meine drei Verwandten am Sonntag, dem 31. März 1935, zwischen 9.30 Uhr und 11.30 Uhr, in ihrem Anwesen in Daberg mit dem Beil erschlagen oder mit dem Strick zu Tode stranguliert zu haben."

In einer ausführlichen Vernehmung durch Kriminalbeamte und den Untersuchungsrichter am 4. April 1935 bezog Ludwig Weber Stellung zur Tat und zu den Tatumständen. Genauestens schilderte er die Tatausführungen. Seine Aussagen sind teils im vollen Wortlaut, teils verkürzt wiedergegeben.

„Ich habe gestern Nachmittag, nach meiner Festnahme dem Kriminalkommissär Mayer von der Polizeidirektion Augsburg, aus mir heraus erklärt: ‚Sie werden wissen, um was es sich dreht, ich habe einen Mord begangen, ich habe drei Personen mit einem Beil erschlagen bzw. mit dem Strick zu Tode stranguliert. Ich bleibe auch heute bei dieser Aussage. Das liebste wäre mir, wenn ich gleich erschossen werde. Ich sage alles, meinen Kopf kostet es sowieso."

Dem Richter und den Kriminalbeamten schauderte es vor diesem Menschen, der den ersten Teil seines Geständnisses herunterleierte wie eingelernt und dabei nicht die geringste erkennbare Regung zeigte. War er so gefühllos und abgeklärt, dass ihm der dreifache Mord nicht ans Gemüt ging, oder hatte ihn nach der furchtbaren Tat Todessehnsucht überkommen? War er etwa so primitiv im Kopf, dass er die Tragweite eines Todesurteils nicht erfasste?

Ludwig Weber fuhr am Samstag, dem 30. März 1935, früh um 6.35 Uhr von Mering über Hochzell nach Regensburg und von dort weiter über Schwandorf und Cham nach Furth i. Wald. Für Montag, den 1. April 1935, war er ins dortige Amtsgerichtsgefängnis zum Strafantritt einbestellt. Ihm lastete noch eine Gefängnisstrafe wegen Diebstahls an. Um 17 Uhr am Nachmittag kam er in Furth i. Wald an. Nach einem Besuch des Friedhofes ging er um 18.30 Uhr abends zu Fuß nach Daberg. Er wollte bei seiner Tante Katharina Weber um Quartier bis Montag nachsuchen. Gegen 20 Uhr erreichte er Daberg und betrat durch die offen stehende Haustür das Anwesen Weber.

In der dusteren Wohnstube saßen die Tante, ihre Tochter Maria und der Enkel Richard. Da keine ihn erkannte, fragte Katharina: „Wer bistn und wos mächst?" „Aba Tant, kennst mi denn nöd. I bins, da Ludwig." Kreischend fielen die beiden Frauen über ihn her: „Mia woin koan Va-brecha im Haus hom. Schaug dassd' weida kimmst." Trotz der hässlichen Abfuhr, die ihm soeben erteilt worden war, blieb er ruhig und bat: „Lassts mi bis Montag im Haus übernachtn. Da muass i zum Gricht auf Furth eini, nachand seids mi wieda los." „Dös hod für uns koa Bedei-tung nöd. Vaschwind, mia woin di nimmo sehng", plärrte ihn Katharina an. „Du elende oide Närrin, dös host nöd umasunst gsagt. So könnts mi nöd behandln. I werd eichs no zoang, wo da Bartl an Most hoit. I räch mi an eich, ös Lumpenpack." Erbost verließ er das Haus. Katharina Weber hatte bei Ludwig mit ihrem Verhalten erneut den Hass geschürt, der in ihm geruht hatte, seit er von Daberg weggegangen war.

Alte Hassgefühle brechen auf

„Ich irrte die ganze Nacht ziel- und planlos umher", fuhr Ludwig Weber fort. „Dabei fasste ich den Gedanken, dass ich die Weiber töten und mich dann der Polizei stellen werde. In dieser Nacht habe ich weder was zu essen noch zu trinken gehabt. So gegen 3 Uhr wird es gewesen sein, da verspürte ich unbändigen Hunger und Durst. Gegessen habe ich letztmals am vergangenen Abend um 18.30 Uhr in Furth i. Wald. Da kaufte ich mir in einem Wirtshaus eine Wurstsemmel. Als mich auch noch elendiglich zu frieren anfing, hat mich die Wut gepackt. Den Weibern hatte ich das alles zu verdanken, die mich aus dem Haus aus-schafften. Früher hatte ich die Tant' einmal furchtbar gehasst, weil sie nach dem Tod meines Vaters die Mutter aus dem Haus hinauskelte. Dieser Hass war bei mir erloschen, er ist aber wieder über mich gekom-men, weil sie mich nicht aufgenommen haben."

Von den Vernehmungsbeamten unterbrochen mit der Frage, warum er nicht auf andere Weise Rache geübt habe, antwortete Ludwig Weber: „Die Weiber haben mich ruiniert, da lag der Gedanke, sie zu töten, näher, als alles andere." Weder der Untersuchungsrichter, noch die Kriminalbeamten konnten es sich erklären, was er damit meinte, ‚die Frauen hätten ihn ruiniert‘. Diese Antwort blieb Weber schuldig.

Bis morgens um 9 Uhr überlegte Ludwig Weber, wie er vorgehen solle, um die beiden „Weibsbilder" und den jungen Richard umzubringen. Richard hatte ihm zwar nichts getan, er wäre aber Zeuge der Tat geworden und das konnte er nicht riskieren. Deshalb fällte er auch über ihn das Todesurteil.

Vorsichtig schlich er sich an das Weber'sche Haus heran. Die Türe war verschlossen. Ihm war sofort bewusst, dass niemand zuhause war. Er vermutete alle drei beim sonntäglichen Kirchgang. Er ging durch die Scheune in den angrenzenden Viehstall und von dort in den Hausfletz. „Neben dem Treppenaufgang zum Speicher sah ich auf dem Backofen ein großes Beil liegen", sagte Weber. „Das hat mir gut in meinen Plan gepasst. Mit einem Beil ist es einfacher, jemanden zu erschlagen."

Ludwig Weber wartete in der Wohnstube auf die Rückkehr der Hausbewohner. Gelangweilt vom Herumlungern ging er nebenan in die Schlafkammer. Links und rechts an den Wandseiten stand je ein Bett, beide mit weißen Leinentüchern überspannt. Die nutzte er dann für seine Zwecke.

Die Tragödie nimmt ihren Lauf

„Gegen 9.30 Uhr kam Maria heim. Ich stand noch hinter der Kammertüre, als sie draußen am Kammerfenster vorbeihuschte. In meinem Entschluss, sie zu töten, bin ich kurz wankend geworden", fuhr Ludwig Weber im Verhör fort. „Als sie dann von der Stube her in die Kammer trat, sagte ich mir: ‚Jetzt!‘, warf ein Leinentuch über ihren Kopf und schlug mit der Breitseite des bereitgehaltenen Beils mehrmals zu. Sie stürzte zu Boden. Aus dem Schädel quoll Blut, es bildete sich eine Lache und das Tuch färbte sich blutig. An der Wand neben dem Bett hing eine Wäscheleine. Ich riss diese herunter und legte die Schnur über dem Leinentuch um den Hals der nur noch Röchelnden. Kräftig zog ich so lange zu, bis kein Laut mehr zu vernehmen war. Die Tote schob ich dann mit den Füßen voran halb unter die Bettstatt, mit dem Kopf lag sie in der Blutlache. Niemand sollte sie beim Betreten der Kammer gleich sehen.

Auf die Zwischenfrage eines Kriminalbeamten, warum er jetzt sein Vorhaben, auch die anderen beiden zu töten, nicht aufgegeben habe, antwortete Weber: „Die anderen hätten ja sofort gewusst, dass ich es gewesen bin, der die Maria umgebracht hat. Nachdem die Maria tot war, ist mir der Gedanke gekommen, das Vieh zu verkaufen und mit dem Geld in die Tschechei abzuhauen. Bis zur Grenze sind es höchstens 500 Meter. Dann habe ich mir aber überlegt, dass mich die anderen verraten werden. Ich musste sie töten, um mich zu rächen, dann das Vieh in die Hand bekommen und mir die Flucht offen halten."

Ludwig Weber wartete auf seine nächsten Opfer. Kaltschnäuzig bewegte er sich im Hause, legte sich sogar eine Zeit lang auf eine alte Chaiselongue in der Wohnstube. Im Hausflur entdeckte er ein „Vertiko" – ein angeblich nach dem Tischler Vertikow benannter kleiner Ziertisch –, darauf lag ein kurzes Seitengewehr. Er nahm dieses aus der Scheide und steckte es in seine rechte Außenrocktasche. „Zur Sicherheit", meinte er trocken, „wenn mehrere Menschen ins Haus gekommen wären, hätte ich mich damit verteidigen können, falls mir nicht die Flucht gelungen wäre."

Eine lange Zeit beobachtete Ludwig Weber durchs Stubenfenster, ob sich jemand dem Haus nähere. Gegen 11.15 Uhr fuhr Richard Weber mit dem Fahrrad heran. Ludwig ging mit dem Beil in der Hand hinaus in den Hausflur. Auf halbem Wege begegneten sie sich. Mit dem Zuruf: „Ich werd mich rächen", fasste er Richard mit der linken Hand an der Brust, holte mit der anderen aus und drosch die Breitseite des Beiles seitlich gegen Richards Kopf. Vom Schlag benommen, lallte dieser: „Möchst mei Goid hom?" Rasch griff er in die Hosentasche, holte eine Geldbörse heraus und warf sie auf den Boden. Ludwigs Zorn wurde dadurch erst richtig angeheizt. Weitere Schläge führte er gegen den Kopf des Wehrlosen. Schwer verwundet sackte dieser zusammen. Alsdann schleppte ihn der hinterhältige Verbrecher in den Kellerraum und legte ihn zwischen zwei aufgeschüttete Kartoffelhaufen. Aus der

Schlafkammer holte er das Leinentuch vom zweiten Bett, trennte von der um den Hals der toten Maria gewickelten Wäscheschnur ein Teilstück ab und eilte damit in den Keller zurück. Dem nur noch Röchelnden stülpte er das Leinentuch über den stark blutenden Kopf und mit der Schnur erdrosselte er ihn. Dem Toten zog er Schuhe und Strümpfe aus und nahm diese ebenso wie Richards Geldbörse, in der sich eine Reichsmark befand, an sich.

Dann kam Katharina Weber vom Kirchgang zurück. In der Hausfletz traf sie mit Ludwig zusammen, der aus dem Keller heraustrat. In der Hand hielt er noch das Beil. Katharina sagte unwirsch zu ihm: „Bist scho wieda da, Lump elender. Verschwind endlich, oder i hol d'Schandarm." „Dazua host koa Zeit mehr", erwiderte Ludwig, „ich räch mich jetzt." Wieder schlug er mit dem Beil zu, Katharina fiel auf den Steinboden. Ludwig schleifte sie in den Keller, legte den leblosen Körper neben Richard und deckte ihn wie die beiden anderen Ermordeten mit einem Leinentuch zu. Er hatte dieses vom Ziertisch im Hausflur genommen, wo es offen gelegen hatte.

Katharina trug eine Markttasche mit sich. Bei dem Überfall war sie auf den Boden gefallen. In ihr befand sich ein Geldbeutel mit einer Reichsmark und 35 Pfennigen Inhalt. Ludwig entnahm das Geld, steckte es ein und begann mit der Beseitigung von Tatspuren. Aus dem Pumpbrunnen vor dem Haus holte er Wasser, aus der Wohnstube einen Stofflumpen und wischte zuerst in der Schlafkammer und dann am Kellereingang das Blut auf. Den Hausflur säuberte er mit einem nassen Besen. „Um 12 Uhr war ich mit der ganzen Arbeit fertig." Mit dieser lakonischen, wie nebensächlich hingeworfenen Anmerkung schloss er seine Aussagen zum Tatablauf.

Erschreckende Gleichgültigkeit

Ludwig Weber wäre beinahe in Bedrängnis geraten. Kurz nach 12 Uhr mittags erschienen zwei Frauen aus dem Ort, um Maria Weber zum allsonntäglichen Kaffeeklatsch abzuholen. Seine Erklärung, Maria und ihre Angehörigen seien unterwegs nach Köln zum Besuch einer todkranken Verwandten, schienen die Frauen nicht zu glauben. Sie waren es auch gewesen, die den Gendarmen seine Anwesenheit am Sonntag, dem 31. März, im Hause Weber bezeugten.

Gegen 12.30 Uhr fütterte Ludwig Weber die Kühe, entnahm den Essensvorräten Pökelfleisch und kochte sich davon eine Mahlzeit. Gesättigt streifte er durchs Haus, öffnete Truhen, Kästen und Schränke und verstaute in zwei Koffern alles, was er an Wäsche und Kleidung für brauchbar hielt. Sein altes, mit Blut bespritztes Gewand legte er ab und warf es hinter einen Kartoffelhaufen im Keller. Dann zog er den dunklen Anzug des getöteten Richard an. Dieser passte, als wäre er für ihn geschneidert worden. Die abgetretenen Fußlatschen tauschte er gegen schwarze Stiefel, und einen neuwertigen Herrenmantel hängte er sich über die Schultern. Selbstzufrieden grinste er sein Bild im Wandspiegel an. „Dös warat gschafft. Dera Bagasch hob i gem, wos vadient hod."

Um 17 Uhr nachmittags fuhr er, nachdem alle Türen verriegelt und sämtliche Fenster im Haus von ihm abgedeckt worden waren, mit Richards Fahrrad nach Furth. Er brachte die Koffer mit den gestohlenen Sachen zum Bahnhof und zechte anschließend zwei Stunden in der Bahnhofswirtschaft. Fröhlich gelaunt radelte er weiter ins 20 Kilometer entfernte Cham, hielt sich dort aber nicht lange auf. Spät nachts war er wieder in Daberg. In der Schlafkammer, auf dem Fensterbrett über Marias Leichnam, stand ein großer Milchweitling. Aus ihm schöpfte er eine Holzschüssel voll „gstandne Muich", schnipselte vom Laib Bauernbrot hinein und löffelte es genüsslich heraus. Seelenruhig, mit vollgeschlagenem Bauch, schlief er bis morgens um 5 Uhr auf der alten Chaiselongue.

Nachdem er die Kühe erneut gefüttert hatte, fuhr er mit dem Fahrrad in den Ort Gaishof, um einen Käufer für sie aufzutreiben. Die Mühe war vergebens. Da trieb er die Tiere in Richtung Furth. Unterwegs begegnete er bei der Säummühle dem Viehhändler Xaver Fischer und verscherbelte an ihn die Kühe für 400 Reichsmark. In dessen Büro in Furth schlossen sie den Kaufvertrag. Anschließend rief Ludwig Weber von einer Telefonzelle aus den Holzschuhfabrikanten Meier an, ohne seinen Namen zu nennen.

Ludwig Weber trug sich mit dem Gedanken, ins Böhmische zu flüchten. Nach reiflicher Überlegung war ihm aber klar geworden, dass 400 Reichsmark nicht lange zur Bestreitung des Lebensunterhaltes ausreichen. Er wollte nicht riskieren, als mittelloser Ausländer in Haft genommen und von den Behörden an Deutschland ausgeliefert zu werden. Da besorgte er sich lieber eine Fahrkarte und fuhr mit dem nächsterreichbaren Zug über Cham – Schwandorf – Regensburg – München zurück nach Mering, wo er um 20.37 Uhr ankam.

Einige Wochen zuvor hatte Weber eine Hilfsarbeitertätigkeit in Mering aufgenommen und war durch Vermittlung eines Arbeitskollegen bei einer angesehenen Familie in Untermiete untergekommen. Angefreundet mit der Tochter des Hauses, verlobte er sich mit dieser zwei Tage nach der begangenen Bluttat. Sein Aufenthalt in Mering war der Gendarmerie in Furth i. Wald bekannt geworden und auf deren Hinweis nahmen ihn Augsburger Kriminalbeamte am 3. April abends fest.

Untersuchungsrichter und Kriminaler waren geschockt von der Gleichgültigkeit, mit welcher Weber seine Verbrechen gestand. Wäre es abwegig zu vermuten, dass seine plötzliche Aggressivität doch aus einer Persönlichkeitsstörung resultierte, die wiederum in seiner Biografie begründet lag? Seit seiner Kindheit hasste er die Verwandten. Durch ihre ablehnende, schroffe Haltung weckten sie die niederen Instinkte in ihm, was schließlich zur Katastrophe führte.

Ludwig Weber, am 17. Juli 1910 in Daberg geboren, wurde vom Schwurgericht beim Landgericht Amberg am 6. Juni 1935 wegen dreier Verbrechen des Mordes jeweils zur Strafe des Todes, und wegen des tatmehrheitlich begangenen Raubes zu 15 Jahren Zuchthaus verurteilt. Am 18. September 1935 vollstreckte Nachrichter Johann Reichhart das Todesurteil mit dem Fallbeil im Hof des Landgerichtsgefängnisses Amberg.

Mit den scheußlichen Mordtaten Webers beschäftigten sich zahlreiche Presse- und Parteiorgane der NSDAP. Um Zulassungskarten für ihre Vertreter an der Hinrichtung bemühten sich: das Nürnberg-Fürther 8 Uhr-Blatt, der Gauverlag Bayerische Ostmark GmbH (Nebenstelle Amberg) und das Weidener Volksblatt. An der Hinrichtung teilgenommen haben ferner: Der Kreisleiter der NSDAP aus Cham, ein SA-Brigadeführer und sieben Ratsherren der Stadt Amberg.

Die Akte „Ludwig Weber", wegen dreifachen Mordes verurteilt und hingerichtet, konnte geschlossen werden.

V Reg 758/35

Ausschnitt aus dem „Werdauer Tageblatt"
Nr. 219 vom 19. September 1935.

Dreifacher Mörder hingerichtet.

In Amberg ist der am 17. Juli 1910 geborene Ludwig
Weber hingerichtet worden. Weber hat am 31. März 1935
in Daberg seine 79jährige. Tante Katharina Weber, ihre
44jährige Tochter Maria Weber und deren 17jährigen Sohn
Richard Weber durch Beilhiebe und Erdrosselung mit einem
Strick ermordet, beraubt und die Beute ohne jede Gewissens-
bisse. in zwei Tagen verpraßt.

...chte Amberg

Ein 21. SEP 1935

Beschluss vom 20. Septbr. 1935.

An das *Landgericht* *Amberg.*

weiter.

Der Pressedezernent
beim Amtsgericht Werdau.

Wagner,

Amtsgerichtsdirektor.

*Ausschnitt aus dem Werdauer Tagblatt vom 19. September 1935.
Staatsarchiv Amberg, Bestand Landgericht Amberg.*

Übersetzung des handschriftlichen Textes:

I. Schreiben des 8 Uhr-Blattes 12.6.

Vertretern der Presse kann zwar gestattet werden, der Hinrichtung anzuwohnen, der fragliche Vertreter wolle mir nach Name und Stand bezeichnet und das Interesse an der Hinrichtung begründet werden. Mehr als einen Vertreter kann ich nicht zulassen. Der fragliche Vertreter hätte bei mir die schriftliche Zusicherung abzugeben, daß er keine Mitteilungen über die Hinrichtung macht außer der Tatsache des Vollzugs der Todesstrafe.

Im übrigen hat Weber Revision eingelegt.

II. Z. A. 13.6.35 – Signum des Oberstaatsanwalts.

Nachwort

Dem Buch erlaube ich mir ein paar Nachbetrachtungen anzufügen, die ausschließlich meine persönliche Meinung wiedergeben. Es ist dabei nicht beabsichtigt, religiöse, politische oder menschliche Empfindungen zu verletzen.

Die Hinrichtungen der beiden deutschen Brüder mit dem amerikanischen Namen LaGrand – Karl und Walter – im Gefängnis von Florence im US-Staat Arizona am 25. Februar 1999 (Karl mit der Giftspritze) und am 3. März 1999 (Walter in der Gaskammer), 17 Jahre nach ihrer Tatbegehung im Jahre 1982, haben quer durch alle Bevölkerungsschichten die Diskussion um die Todesstrafe für Mörder wieder neu belebt.

Mit Artikel 102 des Grundgesetzes für die Bundesrepublik Deutschland vom 23. Mai 1949 wurde die Todesstrafe bei uns abgeschafft. In vielen Ländern der Welt, wie beispielsweise in China, Malaysia, Ägypten, Uganda, Russland, Iran und den USA, werden Todesurteile weiterhin gefällt und vollstreckt, teilweise sogar als Massenhinrichtungen wie am 13. August 1999 in der südchinesischen Stadt Chongquing an 61 zum Tode Verurteilten, oder in Kampala (Uganda) an 28 Delinquenten an einem Tag. Die Aufzählung der Länder, in denen das Gebot „Auge um Auge! Zahn um Zahn!" noch gilt, ließe sich fortführen. Es wird geköpft, erschossen, gehenkt, mit der Giftspritze, dem elektrischen Stuhl oder in der Gaskammer getötet. In arabischen Staaten vollziehen die Henker Todesstrafen mit dem Handschwert, wie es in Deutschland noch bis zum Jahre 1854 geschah. In Amerika hat sich die Zahl der Hinrichtungen wieder stark erhöht. In einem Land, das sich für die gesamte Welt in einer Vorbildfunktion für die Achtung der Menschenwürde und Einhaltung der Menschenrechte sieht. Ist dieses beispielhaft? Ist es nicht Barbarei und Folter, wenn Todeskandidaten erst nach 10, 15, 20, ja sogar wie kürzlich erst nach 24 Jahren und bereits im Rentenalter hingerichtet werden? In Newton (New Jersey) hat jüngst ein Richter eine Todesstrafe mit „Verfallsdatum" ausgesprochen. Der Jurist Reginald Stanton verkündete das Todesurteil gegen einen 21-jährigen Angeklagten und ordnete gleichzeitig an, dass der Mann spätestens in

„fünf Jahren" hingerichtet werden muss. Andernfalls müsse das Urteil in lebenslange Haft umgewandelt werden. Er begründete dies folgendermaßen: „Die lange Zeit, die oft zwischen Urteil und Vollzug verstreicht, ist nicht zumutbar. Manchmal sind es 20 Jahre." Welch perverse Justiz!

Die USA, als Vorreiter einer neuen Hinrichtungsjustiz, mögen die Legitimation dafür in der Eskalation der Gewaltkriminalität, insbesondere im Bereich der Tötungsdelikte, sehen. In jenen US-Staaten, in denen die Todesstrafe für Mord wieder verhängt und rigoros vollstreckt wird, hat sich die Kriminalitätsentwicklung seither nachweislich beachtlich verringert. Begründet dieses jedoch den Rachegedanken: Tod gegen Tod als Sühnemaßnahme? Hat ein Staat, hat die Volksgemeinschaft noch das Recht, sich vor „unwürdigen" Gewaltmenschen durch Todesurteile zu schützen?

Das Beispiel USA ist geeignet, negativ Schule zu machen. Die Kriminalitätsexplosion gerade bei Tötungsdelikten tendiert ja unverkennbar stetig nach oben. Andererseits aber gestattet sich die Frage: Sind die Folgen überschaubar, die entstehen, wenn Mörder nach einer gewissen Zeit der Strafverbüßung in den offenen Strafvollzug gelangen, wo sie die Möglichkeit haben, erneut zu töten? Zeigt sich da nicht in aller Deutlichkeit und in erheblichem Umfang, wie sehr auch am Ende dieses Jahrhunderts der Ruf nach Resozialisierung, nach Beachtung der Menschenwürde und Einhaltung der Menschenrechte nur Spielball der Politik ist?

Ich rede nicht der Todesstrafe das Wort. Sie hat es gegeben, es gibt sie und sie wird es weiterhin geben. Die Geschichte wiederholt sich und es wird nur eine Frage der Zeit sein, wann in unserem Lande über die Wiedereinführung der Todesstrafe nicht mehr nur geredet, sondern gehandelt wird. Niemand braucht die Uhr danach zu stellen. Sie tickt längst schon.

Resozialisierung von Gewaltverbrechern ist Wunsch und erklärtes Ziel jeder demokratischen Gesellschaft. Vor angeblich resozialisierten Wiederholungstätern jedoch kann die Gesellschaft ihre Bürger nicht schützen.